LAURENCHET 1976

I

G. 1645.
T. 1.

LETTRES
D'UN
SEIGNEUR
HOLLANDOIS
A
UN DE SES AMIS.

A LA HAYE.

Nota. On trouve chez le même Libraire la treizieme Lettre d'un Seigneur Hollandois à un de ses amis à la Haye. Sur le parallèle de la situation de la République de Hollande avec celle de la République de Genes.

LETTRES
D'UN
SEIGNEUR
HOLLANDOIS
A
UN DE SES AMIS.

SUR les Droits, les Intérêts & les différentes vuës particulieres des Puissances Belligerantes.

Avec des réflexions Politiques sur les Evénemens les plus intéressans de la Guerre présente.

TOME PREMIER.

A LA HAYE.

M. DCC. XLVII.

LETTRES
D'UN
SEIGNEUR
HOLLANDOIS,
A UN DE SES AMIS.
A LA HAYE.

PREMIERE LETTRE

Sur le nouveau Secours prêté par la Hollande à la Reine de Hongrie.

ONSIEUR,

Je vois bien que ce seroit inutilement que je refuserois de me

A ij

rendre à vos preſſantes ſollicitations ; vous voulez abſolument que je vous ouvre ma penſée ſur le parti qu'a pris notre République de prêter de nouveaux ſecours à la Reine de Hongrie ; je vous obéirai, Monſieur, malgré le riſque où je m'expoſe : car ne ferois-je pas un homme perdu ſans reſſource, ſi cette Lettre tomboit entre les mains de quelques-uns de ceux de nos Compatriotes, qui croient que l'on ne peut être bon Hollandois ſans épouſer avec chaleur les interêts de la Maiſon d'Autriche ?

Quel étrange renverſement d'idées ! Que penſeroient nos Peres, s'ils voyoient leurs deſcendans sacrifier leurs biens, leurs vies & leurs fortunes à l'aggrandissement d'une Maison, qui pendant si long-tems s'est opposée avec tant de fureur à l'établissement de notre République? A qui devons-nous la liberté dont nous jouissons! N'est-ce pas aux puissans secours que nous avons reçus de la France? Que cette Couronne ait été intéressée à nous protéger contre la tyrannie qui vouloit nous opprimer, ce n'est pas ce que j'examine; peut-être ne me seroit-il pas difficile de prouver que si la France eût cherché son plus grand avantage, elle l'eût assurément trouvé en acceptant les propositions séduisantes que lui faisoit la Maison d'Autriche, pour la détacher de notre alliance : mais examinons quels sont les motifs si puissans qui ont pû faire entrer notre République dans une guerre dont les commencemens doivent lui faire craindre les suites. Il est vrai que la Hollande s'étoit rendue garante du Traité par lequel le feu Empereur établissoit la Pragmatique-Sanction, mais n'étoit-ce pas dans la supposition que cette espece de loi ne fût point préjudiciable à un tiers ? Or si l'Empereur regnant a des droits légitimes & incontestables sur la succession de la Maison d'Autriche, n'est-il pas évident que la Hollande n'étoit point obligée à prêter du secours à la Reine de Hongrie? Aussi a-t'elle demeuré deux années entieres avant que de se décider sur le parti qu'elle prendroit ; l'avantage qu'elle a retiré de ce délai, c'est qu'elle a vû son commerce devenir chaque jour plus florissant, à mesure que celui des Puissances belligerantes dépérissoit : & voilà ce que lui a valu l'espérance d'une exacte neutralité dont elle a sçû adroitement flater la France pendant deux ans. Qu'il seroit à souhaiter que notre sage République, dont la politique se laisse si rarement tromper, eût pû se

A iiij

défendre des piéges que lui tendoit l'Angleterre ! Ne lui étoit-il pas facile de découvrir l'interêt particulier qu'avoit cette Puiſſance d'armer toutes ſes forces pour le ſecours de la Reine de Hongrie ?

Les infractions, ou réelles ou prétendues, faites à la Pragmatique-Sanction par l'Empereur ou ſes Alliés, ont été le prétexte de l'armement conſidérable fait par l'Angleterre en faveur de la Maiſon d'Autriche. Mais qui ne voit que ce n'étoit là qu'un pur prétexte ? Et en effet, à qui perſuadera-t'on que la générofité des Anglois n'ait été animée que par le ſeul déſir de secourir une illustre Reine, qu'ils se représentoient & que nous voulons bien nous représenter comme injustement opprimée? Auroient-ils sacrifié des sommes immenses, auroient-ils épuisé leurs Etats d'hommes & d'argent, s'ils n'avoient cru trouver leur intérêt particulier dans la guerre qu'ils se proposoient de soutenir contre les plus formidables Puissances? Quel est cet intérêt particulier? Le voici, Monsieur, & je crois que vous en conviendrez, si vous voulez bien refléchir sur l'état où se trouve actuellement le commerce en Angleterre. Son

(10)

entiere décadence ne furprendra point ceux qui fçavent les prifes innombrables que les Efpagnols ont faites fur les Anglois : par une exacte fupputation des pertes que ces derniers ont faites depuis qu'ils font en guerre avec l'Efpagne, on a trouvé qu'elles montoient à plus de deux cens foixante millions de livres fterlings ; fomme qui fait à peu près les revenus du Roy de France pendant vingt ans.

Rien n'étoit donc plus intéreffant pour l'Angleterre, que de finir une guerre qui la ruinoit fans reffource ; & voilà le motif de fa prétendue générofité envers la Reine de Hongrie ; car fuppofons que les armes de cette Princeffe euffent été victorieufes en Flandre, en Italie, & fur le Rhin, & que par une continuité d'avantages confidérables remportés fur fes ennemis, elle les eût mis dans la néceffité de lui demander la paix, à quels conditions fe feroit-elle faite ? Seroit-ce la Cour de Vienne ou celle de Londres qui en eût reglé les articles ? Et je laiffe à penfer fi l'Angleterre eût fçû fe dédommager des échecs que l'Efpagne lui a fait effuyer. Notre République ne fe reffent-elle pas encore des dures Loix que cette fiere Couronne impofe à ceux fur qui les armes lui donne quelque supériorité ? Aurions-nous oublié le traité que Cromwel nous força de conclure ?

Voilà donc les vuës de l'Angleterre développées, & voilà ce qui n'auroit pas dû échapper à la pénétration de nos sages Républicains. Ils auroient compris que la foi des Traités, que le maintien de l'équilibre de l'Europe n'étoient que des prétextes auſquels les Anglois avoient recours, pour déguiser les véritables motifs qui les armoient contre la France & ſes Alliés.

Cependant les Miniſtres de la Cour de Londres ſont venus à bout par le rafinement de leur politique, d'engager notre République dans une guerre qui ne peut que lui être préjudiciable, quelle qu'en doive être l'iſſue ; car je veux que cette guerre ne puiſſe ſe terminer ſans qu'il en coûte quelques Provinces à la France , quel avantage en reviendra-t'il à la Hollande, dont l'intérêt ne fut jamais de s'aggrandir ? Son principal & unique but a toujours été de faire fleurir ſon commerce; c'eſt par-là qu'elle s'eſt élevée à ce haut degré de puiſſance qui la rend redoutable à ſes voiſins: & puiſque la guerre eſt en quelque façon la deſtruction du commerce , ne s'enſuit-il pas qu'il n'y a que les raiſons les plus fortes qui puiſsent autoriser notre République à prendre les armes? Et dans quel tems les a-t'elle prises ? Est-ce lorsque les François & les Impériaux, Maîtres de Prague, menaçoient d'aller assiéger la Reine de Hongrie dans sa Capitale? C'est dans ce cas que la Hollande eût pû faire valoir avec quelque apparence de raison cette Pragmatique-Sanction dont elle s'est rendue garante. Mais vous le sçavez, Monsieur, ces vingt mille hommes que nous avons fait passer au secours de la Reine de Hongrie, ne lui ont été envoyés que lorsque l'Empereur, dépouillé de ses Etats héréditaires, venoit de signer la neutralité avec la Cour de Vienne ; & que lorfque les François s'étoient retirés de l'Empire pour venir défendre leurs frontieres, que l'armée Autrichienne menaçoit d'une prochaine invafion; ainfi fi les tentatives que fit alors le Prince Charles pour pafler le Rhin, lui avoient réuffi, la France fe feroit vuë attaquée par les Troupes confédérées, dont les nôtres faifoient une partie, dans le tems même que cette Couronne qui fe tenoit fur la défenfive, étoit en droit d'exiger que notre République obfervât à fon égard une exacte neutralité.

Conviendrez-vous, Monfieur, que c'eft là un trait qui ne fait

pas beaucoup d'honneur à l'équité & à la sagesse de notre Gouvernement? Aussi devons-nous être surpris que la Campagne se soit ouverte par l'attaque de nos Barrieres, si toutefois nous pouvons donner ce nom à des Places qui nous sont bien plus à charge qu'elles ne nous sont utiles? Ainsi pensoit un des plus grands hommes & des plus habiles Politiques qu'ait produit notre République: "Que de lon-
" gues & cruelles guerres, *écri-*
" *voit-il à un de ses amis,* n'avons-
" nous pas eu à soutenir pour
" l'acquisition ou pour la conser-
" vation de ces Barrieres? & ce-
" pendant de quelle utilité nous
font-elles

» font-elles; que ne nous coûte pas
» leur entretien, que de troupes
» néceſſaires pour les garder,
» que d'argent par conſéquent
» qui ſe tranſporte hors du pays
» pour n'y pas rentrer ? Mais le
» plus grand mal, c'eſt que ce
» ſont ces mêmes Barrieres qui
» nous mettent continuellement
» à la veille d'être dans la néceſ-
» ſité de prendre les armes ; &
» n'eſt-ce pas là le but que ſem-
» ble s'être propoſé la Maiſon
» d'Autriche, en nous cedant
» ces places en ôtage ? Que cette
» Maiſon ſoit attaquée, nous
» voilà comme obligés d'unir
» nos forces aux ſiennes, & cela
» même ſouvent, ſans attendre

Tome I. B

» que les ennemis ayent porté la » guerre en Flandre. » Qu'en pensez-vous, Monsieur : ces réfléxions paroiſſent-elles bien judicieuſes & bien ſenſées ? C'eſt à vous à en juger ; pour moi, je vais continuer à vous écrire librement tout ce que je penſe : Je ne parlerai plus de ces premiers vingt mille hommes que notre République a fait marcher au ſecours de la Reine de Hongrie. Je ſuppoſe que nous y étions obligés par la foi des Traités; mais en eſt-il de même de ce nouveau ſecours que nous venons de lui accorder ? Les Cours de Vienne & de Londres avoient bien prévû que nous ne nous en tiendrions pas là ; elles sçavent que nous ressemblons aux tourbes qui servent à notre chauffage : si elles prennent feu difficilement, elles ne s'éteignent que lorsqu'elles sont entierement consumées. La plus grande difficulté étoit de nous faire faire les premiers pas; c'est par là qu'on nous a mis dans une espéce de nécessité, non seulement de ne pouvoir reculer, mais d'aller toujours en avant. Pour nous engager à fournir sans murmure aux frais d'une guerre ruineuse, on ne cesse de nous répéter que du maintien de l'Equilibre de l'Europe dépendent la prospérité & le salut de notre Etat ; que cet Equilibre ne peut être rétabli ou confervé que par l'abbaiffement de la France: Mais fi la tranquillité de l'Europe eft attachée au maintien d'une parfaite égalité de puiffance entre la Maifon d'Autriche & celle de Bourbon, d'où vient eft-ce que toutes les Puiffances de l'Europe ne travaillent pas de concert à un fi grand & fi important ouvrage? Les Républiques de Genes & de Venife, plufieurs Etats d'Italie, le Portugal, la Pologne, la Suede, la Ruffie, le Dannemarck, fe feroient-ils aveuglés fur leurs plus chers intérêts? Devroient-ils voir d'un œil indifférent une guerre qui ne peut manquer de leur devenir fatale, quel qu'en doive être le succès ? Car, que ce soit la Maison d'Autriche, ou celle de Bourbon qui remporte l'avantage, il n'y aura dès-lors plus d'égalité de puissance entre ces deux Maisons, plus par conséquent d'Equilibre; voilà la tranquillité de l'Europe troublée ; celle de ces deux Maisons qui sera devenue la plus puissante, fiere de ses succès, poussera plus loin ses conquêtes, ne mettra aucunes bornes à son ambition, & n'aspirera à rien moins qu'à la Monarchie universelle.

Voilà cependant, Monsieur, les périls dont l'Europe est menacée, s'il est vrai que sa tranquillité dépende de cet Equilibre, pour le rétabliſſement duquel les Alliés de la Maiſon d'Autriche ont pris les armes. Mais leur ſera-t'il facile, je dis plus, leur eſt-il poſſible de réuſſir dans leur deſſein ? Car ſuppoſons qu'après pluſieurs années d'une guerre cruelle qui aura également épuiſé les vainqueurs & les vaincus, nous ſoyions venus à bout d'enlever à la France l'Alſace, la Lorraine, la Franche-Comté ; ajoutez même, ſi vous voulez, ce grand nombre de fortes Places que la France poſſéde dans les Pays-Bas ; l'Equilibre de l'Europe ſera-t'il pour cela rétabli ? La Maiſon d'Autriche trouveroit-elle dans ses seules forces de quoi faire tête à celle de Bourbon, si la guerre venoit à se rallumer entre ces deux Maisons ?

Que le passé nous serve de régle pour juger de l'avenir. Nous avons vu la France seule soutenir pendant une longue suite d'années les efforts de l'Europe entiere armée contr'elle ; la perte de quelques Provinces ne la laisseroit-elle pas toujours bien supérieure à la Maison d'Autriche, qui n'a jamais été en état de faire la guerre, à moins qu'elle n'ait été assistée par des Alliés puissans qui se soient épuisés pour sa défense? Mais voici, Monsieur, ce qui depuis plusieurs siécles a fait la principale force de la Maison d'Autriche : c'est la dignité Impériale qui étoit devenue comme héréditaire dans cette Maison : son intérêt particulier lui faisoit-il prendre les armes, sa querelle qui devoit être entiérement étrangere à l'Empire ; ne laissoit pas que de devenir la querelle de tout l'Empire.

Par séduction ou par menaces, les Electeurs, Princes & Etats de l'Empire se trouvoient engagés dans une guerre dont ils supportoient tout le poids, sans qu'il leur en revînt aucun avantage. Il est donc incontestable que pour rétablir ce que nous
appellons.

appellons l'Equilibre de l'Europe; il eſt néceſſaire de faire rentrer la dignité Impériale dans la Maiſon d'Autriche. Eſt-ce là une choſe aiſée ? & ſi c'eſt-là un événement qui puiſſe arriver, ce ne ſera pas aſſurément le fruit de la guerre préſente; ajoutons, Monſieur, que pour le rétabliſſement de l'Equilibre, il faudroit remettre la Reine de Hongrie en poſſeſſion des deux Siléſies & des riches Provinces, qui par le Traité de Wormes ont été cédées au Roi de Sardaigne. Ces démembremens de la ſucceſſion de la Maiſon d'Autriche ne doivent-ils pas être regardés comme de véritables infractions faites à la Pragmatique-Sanction ? & pourquoi les Alliés de la Reine de Hongrie ne s'y sont-ils pas opposés? S'il est vrai que l'Equilibre de l'Europe soit le principal motif qui leur a fait épouser les intérêts de cette Princesse, devoient-ils souffrir qu'elle fût dépouillée, ou qu'elle se dépouillât elle-même de plusieurs Provinces, dont la cession volontaire ou forcée ôtoit cette égalité de puissance que l'on supposoit être entre la Maison d'Autriche & celle de Bourbon ?

Je passe, Monsieur, à un autre point non moins essentiel que celui que je viens de déveloper. Il y a bien des siécles que l'on parle de l'Equilibre de l'Europe : & de combien de cruelles & sanglantes guerres n'a-t'il pas été le motif ou le prétexte ? Mais on ne parle point de l'Equilibre de l'Empire ; non qu'il n'y en ait jamais eu : nous pouvons au contraire assurer qu'il a fait pendant long-tems le repos & la tranquillité de l'Allemagne ; mais il faut convenir qu'il n'a gueres été connu depuis que la Maison d'Autriche s'est frayé un chemin à la suprême Puissance. L'époque de sa surprenante élevation est trop récente, pour que personne puisse l'ignorer. Ce fut en 1292. que Rodolphe Comte de Asbourg, Officier de la Maison du Roy de Bohéme, fut élevé à la dignité de Chef de l'Empire. Chacun sçait comment ce nouvel Empereur se comporta à l'égard de son ancien Maître ; c'est à ce Rodolphe que la Maison d'Autriche doit sa premiere splendeur. Ses descendans travaillant sur le même plan qu'il s'étoit formé, & qu'il leur laissa comme par héritage, continuerent de s'enrichir des dépouilles de tous ceux qui n'étoient point en état de leur résister.

Me seroit-il permis de me servir d'une comparaison qui me paroît extrémement juste ? Sans faire aucun tort à la Maison d'Autriche, ne peut-on pas dire qu'elle eſt la vraie Corneille de la Fable ? Que chaque Electeurs, Princes, Etats de l'Empire lui reprennent les plumes qu'elle a fçu leur enlever, ou par violence ou par artifice, que lui reſtera-t'il ? Que l'on ſe rappelle les moyens qu'elle a employés pour mettre la Bohéme & la Hongrie au rang de ſes Etats héreditaires ; quelle perſécution plus cruelle que celle que les pauvres Hongrois ont eu à eſſuyer pour la conſervation de leur liberté ! Ont-ils été traités moins inhumainement que ne l'ont été nos Peres, lorſqu'ils ont voulu ſecouer le joug que la

Maison d'Autriche vouloit leur imposer ?

Le dessein en avoit été pris à la Cour de Vienne : L'Empereur Leopold qui avoit résolu, à quelque prix que ce fût, de faire couronner son fils Joseph Roy de Hongrie, & de rendre ce Royaume héréditaire dans sa famille, se servit du prétexte d'une prétendue conjuration pour assurer le succès de ses desseins. Ses ordres furent donnés pour que l'on établît à Eperies un Tribunal bien plus barbare que tous ceux de l'Inquisition. On arrêta une quantité infinie de personnes soupçonnées d'avoir eu quelque part à cette conjuration suppofée ; on envoya à Eperies quarante Bourreaux, qui pendant plus de six semaines ne furent occupés qu'à faire périr par les supplices les plus cruels une foule innombrable d'innocentes victimes. La fureur de la Cour de Vienne tomba en particulier sur ceux des Hongrois qu'elle sçavoit être les plus opposés à ses ambitieux projets. Ce fut après une si sanglante scene, que les Etats s'assemblerent à Presbourg. Les malheureux Hongrois épouvantés, se garderent bien d'opposer la moindre résistance aux intentions de l'Empereur Leopold ; son fils fut couronné, & la Hongrie fut déclarée un Etat héréditaire de la Maison d'Autriche. Nous les voyons cependant, ces Hongrois, composer la plus grande & la meilleure partie des Armées de la Reine de Hongrie. Voilà peut-être, Monsieur, ce qui fait votre étonnement; & ne devez-vous pas être également surpris de voir notre République s'empresser à combattre pour les interêts d'une Maison qui a été pendant si long-tems sa plus cruelle ennemie?

Je reviens à cet Equilibre de l'Empire, que la trop grande puissance de la Maison d'Autriche avoit fait disparoître, mais qui se trouve enfin heureusement rétabli pour le repos & la tranquillité de l'Allemagne : Difons que cet Equilibre confifte en une certaine proportion de Puiffance entre le Chef & les Membres. Qu'elle foit plus grande du côté du Chef, mais elle ne doit pas être telle, qu'elle le mette en état d'ufurper une autorité defpotique fur les Membres, de difpofer à fon gré des fuffrages, de régler felon fon caprice ce qui doit être abandonné aux libres réfolutions des Diettes, de punir ou récompenfer ceux qu'il jugera être plus ou moins attachés à fes interêts particuliers, d'enrichir les premiers des dépouilles des feconds, de faire effuyer à ceux ci les plus grandes injustices, ou les avanies les plus humiliantes.

Pouvons-nous nous représenter sans horreur l'Electeur de Saxe & le Landgrave de Hesse, forcés de marcher comme en esclaves à la suite de l'orgueilleux Charles-Quint? N'a-t'il pas laissé à ceux de sa Maison qui lui ont succedé au Trône Impérial le même esprit de despotisme? Aussi le Corps Germanique datera le commencement de sa liberté renaissante de l'année où il a été affranchi du joug de la Maison d'Autriche. Les Electeurs, Princes & Etats de l'Empire se ressentent trop de ce qu'ils ont eu à souffrir de la fiere domination des Empereurs de cette Maison, pour qu'ils n'ayent pas horreur de rentrer dans le même esclavage; ils soupiroient après le rétablissement d'un Equilibre qui leur rendît leur liberté ; ils l'ont heureusement recouvrée : consentiront-ils à la perdre ? Non, Monsieur, tout rejetton de la Maison d'Autriche qui aura hérité de la puissance de cette Maison, & qui par là se trouveroit à même de leur imposer des Loix, leur paroîtroit devoir être pour eux un Maître dangereux ; & il n'y auroit que la force ou l'artifice qui pussent le mettre sur le Trône Impérial. Que l'on restitue à l'Empereur regnant ses États héréditaires; qu'en vertu des droits légitimes qu'il a sur la succession de la Maison d'Autriche (je dis droits légitimes, & c'est-là un point que je me propose de déveloper clairement dans la Lettre suivante que j'aurai l'honneur de vous écrire) on le mette en possession de la Bohéme & de la Haute Autriche; il y aura dès-lors cette certaine proportion de puissance dont j'ai parlé, qui mettra le Chef en état de soutenir les membres, sans lui laisser le pouvoir de les écraser; & voilà ce que j'appelle l'Equilibre de l'Empire. Que ne fera pas en particulier le Roi de

Prusse pour se conserver la cession forcée qui lui a été faite des deux Silésies ? N'est-ce pas pour lui imposer un motif de s'opposer à l'aggrandissement de la Maison d'Autriche ? Car supposons-la victorieuse de ses ennemis, ne feroit-elle pas les derniers efforts pour reprendre de riches Provinces que la nécessité seule a pû lui arracher ?

Je finis, Monsieur, cette longue Lettre par une réfléxion que je vous avouerai m'affliger infiniment ; car ne vous imaginez pas que le long séjour que j'ai fait en France, & que les honneurs que m'y a procurés le caractère glorieux dont j'y ai été revêtu, m'ait rien fait perdre des tendres sentimens que je conserverai jusqu'au tombeau pour ma chere patrie. Nous nous sommes livrés (j'ose le dire, avec trop de facilité, & sans aucunes espérances de quelque avantage réel pour notre République) aux interêts de la Reine de Hongrie; bien plus généreux en cela que l'Angleterre & le Roi de Sardaigne : mais sommes-nous bien assurés que nos Alliés se piqueront de la même constance que nous ? L'année mil sept cent onze est une époque qui nous doit faire trembler: nous serions-nous attendus au tour perfide que nous jouerent alors les Anglois ? Quelle dut être notre indignation, lorſque nous nous en vîmes honteuſement abandonnés, dans le tems même que nous nous diſpoſions à livrer bataille à nos ennemis ? Qu'ils trouvent leur interêt particulier à traiter avec la France & l'Eſpagne, héſiteront-ils à nous laiſſer dans le précipice où ils nous auront jettés ? Je ne crois pas que la trahiſon ou la perfidie détache jamais le Roi de Sardaigne de l'alliance que ce Prince a contractée avec la Reine de Hongrie ; mais ne devons-nous pas craindre que la néceſſité ne lui en faſſe une loi ? Je vous l'avouerai, Monſieur, ce ſont-là des réfléxions qui m'accablent, vous m'obligerez infiniment, si vous voulez bien me rassurer sur les craintes qui m'inquiétent. J'ai l'honneur d'être avec beaucoup d'estime,

MONSIEUR,

Votre très-humble & très-obéissant serviteur ***.

A Paris le 14 Août 1744.

SECONDE LETTRE
D'UN
SEIGNEUR HOLLANDOIS
A UN DE SES AMIS.
A LA HAYE.

SUR les Droits de la Maison de Baviere à la Succession de la Maison d'Autriche;

Avec des remarques sur les dispositions présentes des principales Cours de l'Europe, au sujet des differends survenus entre la Cour de Munich & celle de Vienne, à l'occasion de la Pragmatique-Sanction.

MONSIEUR,

Ne me flattez-vous pas trop, lorsque vous me témoignez que

la Lettre que je vous ai écrite vous fait attendre avec bien de l'impatience celle que j'ai eu l'honneur de vous promettre, & dans laquelle je me propoſois de vous déveloper clairement les droits inconteſtables de Sa Majeſté Impériale à la ſucceſſion de la Maiſon d'Autriche. ” C'eſt-là
” un point, *me marquez-vous*,
” d'autant plus intéreſſant, que
” s'il étoit une fois bien prouvé,
” notre République qui a tou-
” jours pouſſé juſqu'au ſcrupule
” la fidélité à garder la foi des
” Traités, ſe croiroit dès-lors
” parfaitement libre des engage-
” mens qu'elle a contractés en-
” vers la Reine de Hongrie ;

» engagemens que la plûpart de
» nos Compatriotes regardent
» comme inviolables.

Qu'il s'en faut bien cependant, Monsieur, que nous soyions obligés de les remplir ! Vous en conviendrez vous-même, si vous voulez bien faire avec moi quelques réflexions sur l'invalidité & sur l'injustice de cette Pragmatique-Sanction dont nous avons garanti l'exécution. Or, de démontrer que cette espece de Loi est non seulement nulle, mais qu'elle est encore opposée à l'équité, n'est-ce pas prouver évidemment que la Hollande n'a pû en promettre la garantie ? Entrons je vous prie en matiere.

Vous le sçavez, Monsieur : ce fut en 1713. que le feu Empereur Charles VI. commença à travailler sérieusement à perpétuer dans sa famille la possession de ses Etats héréditaires. Ayant fait assembler ses principaux Ministres, & leur ayant communiqué les Actes par lesquels les Empereurs Leopold & Joseph lui avoient cedé les droits qu'ils avoient ou qu'ils croyoient avoir à la Monarchie d'Espagne, il déclara qu'en vertu de cette convention qui renfermoit selon lui, un pacte de succession mutuelle, (& l'on remarquera qu'il n'étoit fait mention dans ces Actes que de la seule succession à la Couronne d'Espagne) il déclara, dis-je, que sa volonté étoit qu'en cas qu'il mourût sans laisser d'enfans mâles, ses Royaumes & Etats héréditaires appartinssent aux Archiduchesses ses filles en suivant l'ordre de primogéniture & d'indivisibilité observé depuis plusieurs siécles dans la Maison d'Autriche ; & pour obvier à tous les différends qui pourroient survenir dans la suite au sujet de sa succession, il régla encore, que dans la supposition que les Archiduchesses ses filles vinssent à mourir sans laisser de postérité, les Archiduchesses de la ligne Joséphine, & ensuite celles de la ligne Leopoldine, leur succéderoient.

Je vous en fais Juge, Monsieur: pensez-vous qu'une déclaration simplement verbale, & qui n'a pour tout fondement qu'un Acte supposé, puisse être regardée comme une loi irrévocable ? Telle est cependant la fameuse Pragmatique-Sanction. Mais nous n'en avons encore vu que la forme : examinons-en le fond. Je veux parler des motifs sur lesquels elle est appuyée. La simple exposition que j'en vais faire, suffira pour démontrer l'invalidité & l'injustice de cette prétendue Loi.

Dans le Mémoire que le feu Empereur présenta en 1731 à la Diette, & par lequel il solliétoit la garantie de l'Empire, il ne se fit pas un scrupule d'avancer que la Constitution par laquelle il régloit l'ordre de la succession étoit fondée :

1°. Sur une longue suite de Pactes héréditaires & sur une grande quantité de Privileges dont la Maison d'Autriche jouissoit depuis plusieurs siécles, & qu'elle avoit acquis avec l'approbation de l'Empire.

2°. Sur la nécessité de pourvoir au maintien & à la conservation de l'Equilibre de l'Europe, d'où dépendoit le repos & la tranquillité de l'Allemagne.

3°. Sur l'équité de cette même Loi, qui, loin de donner la

moindre atteinte aux droits de qui que ce fût, ne tendoit au contraire qu'à défendre ce qui appartient à un chacun. Et pour ne laisser aucun doute sur la validité & la justice de cette Loi, on insinuoit que les Electeurs de Saxe & de Baviere n'avoient point hésité de l'autoriser par les Actes les plus solemnels, quoiqu'ils fussent intéressés à s'y opposer plus qu'aucun autre Prince de l'Empire.

Voilà, Monsieur, les spécieux motifs qui ont servi de base à la Pragmatique-Sanction. Se seroit-on imaginé que des assurances si formelles, données par un Prince que l'on regardoit comme infiniment

finiment éloigné de tout détour & de tout artifice, fussent autant de piéges que l'on tendoit à la bonne foi des Puissances, dont on tâchoit d'obtenir la garantie?

Or si cette garantie n'a été accordée que sur de faux exposés, la Reine de Hongrie seroit-elle en droit de se plaindre, si notre République discontinuoit de lui prêter des secours, qu'elle ne se seroit jamais obligée de fournir, si elle avoit pû démêler la nullité & l'injustice d'une Loi dont elle n'a garanti l'exécution que parce qu'elle lui a été présentée sous les apparences les plus trompeuses!

C'est là une vérité que j'aurai mise dans tout son jour, si je puis prouver incontestablement que les raisons alléguées dans le Mémoire, dont j'ai parlé, sont autant de suppositions dont la fausseté est manifeste.

Il est dit en premier lieu dans ce Mémoire, que l'ordre de Succession établi par le feu Empereur, est fondé depuis plusieurs siécles sur beaucoup de priviléges acquis avec l'approbation de l'Empire, & sur quantité de Pactes héréditaires. Mais ces Pactes, ces priviléges si vantés, si ce ne sont point des êtres imaginaires, où se trouvent-ils ? N'y auroit-il que la Cour de Vienne qui en eût connoissance ? Si elle a jusqu'à présent constamment résisté aux pressantes instances qui lui ont été faites de les produire, n'est-il pas naturel de penser qu'elle n'en a aucun qui autorise ses prétentions ?

Mais j'oublie que dans un Rescrit émané de cette Cour, il est fait mention d'un privilége accordé l'an 1156. à la Maison d'Autriche par l'Empereur Frédéric I. Les termes dans lesquels ce privilége est conçu sont trop remarquables pour ne pas les rapporter. Les voici : ,, Si le Duc ,, d'Autriche venoit à décéder ,, sans laisser d'enfans mâles, que ,, le Duché soit dévolu à l'aînée

E ij

» des filles qu'il aura laiſſée;
» que ledit Duché ne ſoit jamais
» partagé ni diviſé, & qu'il ne
» ſorte jamais d'entre les mains
» d'un des deſcendans de la mê-
» me ſouche.

Souffrez, Monſieur, que je faſſe quelques courtes obſervations ſur ce privilége. Il eſt évident qu'il n'a pû être accordé qu'à la Maiſon qui étoit alors en poſſeſſion de l'Autriche. La Maiſon de Haſbourg auroit-elle oublié que ce ne fut que 127 années après, c'eſt-à-dire ſous le régne de l'Empereur Rodolphe, qu'une injuſte uſurpation la rendit maîtreſſe de ce Duché, qui faiſoit depuis pluſieurs ſiécles une partie du patrimoine de la Maison de Baviere? C'eſt donc en faveur de cette Maiſon qu'a été faite la Conſtitution de Frederic I.

A cette premiere remarque, j'en joindrai une autre non moins eſſentielle : c'eſt que le privilége que j'ai rapporté n'a été octroyé que pour indemniſer Henri *Jaſamergott*, lequel pour ne pas s'attirer la haine de l'Empereur Frederic, s'étoit vû contraint de céler à Henri le Lion le Duché de Baviere. Auſſi Fréderic content d'un ſi généreux ſacrifice, & voulant en témoigner ſa reconnoiſſance, érigea le Marggraviat d'Autriche en Duché, & déclara que son intention étoit qu'il ne sortît jamais de la Maison à qui il avoit toujours appartenu. Cette Famille n'étoit assurément pas la Maison de Hasbourg, qui n'a guéres été connue aux environs du Danube que vers la fin du quatorziéme siécle.

Mais une preuve évidente que ce privilége doit être regardé comme entiérement étranger à la Maison de Hasbourg, c'est qu'elle y est constamment contrevenue ; & en effet les différens partages faits par les Empereurs de cette Maison, à commencer depuis Rodolphe I. jusqu'à Ferdinand I. ne démontrent-ils pas clairement qu'ils n'ont jamais reconnu ce droit de primogeniture & d'indivisibilité introduit par Fréderic I. dans la Maison de Baviere-Autriche.

Rodolphe I. investit ses deux fils Albert & Rodolphe des Pays Autrichiens. Albert ceda à Fréderic le Bel l'Autriche, à Leopold la Souabe, & à Othon la Carinthie. Albert le Sage veut que ses enfans tiennent sans distinction d'âge la Régence en commun. En 1376. les Etats Autrichiens sont divisés par portions égales entre Leopold & Albert. Depuis 1386. jusqu'à l'année 1404. il se fait entre les fils de Rodolphe III. & Albert IV. différens partages trop longs à rapporter. Environ l'an 1458. l'Empereur Fréderic obtient la Basse-Autriche, le Duc Albert la Haute, & le Duc Sigismond une partie de la Carinthie & du Tyrol. Maximilien régle par une disposition testamentaire que ses deux fils Charles V. & Ferdinand I. hériteront de tous ses Etats par portions indivises.

Après tant de différens partages, n'est-il pas surprenant que la Maison de Hasbourg ose sérieusement alléguer en sa faveur un privilége qu'elle a elle-même en quelque façon aboli, & qui ne peut revivre que lorsque le Duché d'Autriche rentrera dans la Maison à qui il a été injustement enlevé ?

Parcourons à présent ces Pactes héréditaires, ces dispositions testamentaires, que l'on regarde comme les fondemens de la Pragmatique-Sanction :

Est-ce sur le Réglement fait par l'Empereur Charles V. en 1530. que la Cour de Vienne peut appuyer ses prétentions ? Que dit ce Réglement ? » Que » l'aîné & après lui son fils aî- » né, possédera héréditairement » l'Archiduché & les Pays qui » en dépendent ; & que si les- » dits Princes venoient à man- » quer d'enfans mâles, lesdits » pays écheoiront à sa fille aî- » née.

Or, je le demande ; par cette fille aînée peut-on entendre la fille aînée du dernier possesseur, dont il n'est pas dit un seul mot dans tout le texte? Ce pronom adjectif, *sa*, peut-il se rapporter aux Princes successeurs du premier aîné de la famille? Et en ce cas n'auroit-il pas nécessairement fallu, pour parler avec quelque pureté de langage, dire, leur fille aînée? Concluons donc que ce pronom ne peut être relatif qu'à ce premier aîné, dont la fille aînée substituée au défaut des mâles, doit posséder héréditairement la Souveraineté du Pays.

Que l'on lise les dispositions testamentaires de Ferdinand II. on n'y trouvera assurément rien qui concerne la succession féminine au défaut des descendans mâles: j'en dis de même des Actes passés entre l'Empereur Leopold & les deux Princes ses fils.

Je remets à parler à la fin de cette Lettre du Testament & du Codicile de Ferdinand Premier, lesquels seuls suffisent pour établir d'une maniere incontestable les droits de la Maison de Baviere à la succession de la Maison d'Autriche.

Examinons auparavant s'il est vrai, comme l'assuroit le feu Empereur Charles VI. dans son Mémoire de 1731. que la loi qu'il établissoit fût fondée sur la nécessité de pourvoir au maintien & à la conservation de l'équilibre de l'Europe, d'où dépendoit, selon lui, le repos & la tranquillité de l'Allemagne?

Dispensez-moi, Monsieur, de m'étendre sur ce second point, que je croi avoir suffisamment éclairci dans la premiere Lettre que j'ai eu l'honneur de vous écrire. Parcourons les Annales de l'Empire. Quand est-ce que l'Allemagne a commencé d'être le théâtre des plus cruelles & des plus sanglantes guerres? Quand est-ce que l'on n'a presque plus reconnu d'autorité dans les Diettes? Quand est-ce que la liberté du Corps Germanique s'est trouvée malheureusement enchaînée? Quand est-ce que les

Electeurs, Princes & Etats de l'Empire se sont vûs successivement dépouillés de leurs droits? N'est ce pas depuis que la Maison d'Autriche a été élevée sur le Trône Impérial?

L'Empereur Rodolphe datte le commencement de son Regne, par l'usurpation de l'Autriche & d'une partie de la Souabe qu'il enleve aux Ducs de Baviere. Ses descendans ont-ils travaillé avec moins d'ardeur & moins d'injustice que lui à l'aggrandissement de leur famille? Combien de démembremens de l'Empire qui n'ont servi qu'à l'aggrandissement de leur puissance? Combien de flots de sang répandûs pour venger leur querelle particuliere ! Combien de Provinces ruinées par leur insatiable ambition ! Mais enfin le Corps Germanique touche de près au moment heureux qui va le délivrer d'un joug qui lui étoit devenu insupportable: but important, but unique que se proposent les illustres Princes qui sont entrés dans la ligue de Francfort.

Mais je veux que de l'équilibre de l'Europe (& y en eût-il jamais? Jamais y eût-il une parfaite égalité de puissance entre la Maison d'Autriche & celle de Bourbon. Pour que la premiere ait pû se défendre contre les efforts de la seconde ? n'a-til pas toujours fallu qu'elle ait été soutenue par une foule d'Alliés puissans?) Je veux, dis-je, que de cet équilibre dépendent le repos & la tranquillité de l'Allemagne, cet équilibre ne peut-il subsister qu'en conservant à la Maison d'Autriche ce haut degré de puissance auquel elle s'est élevée? La maison de Saxe, celle de Baviere ou de Brangdebourg ne peuvent-elles pas tenir par rapport à l'Empire la place qu'à occupée la Maison d'Autriche, & seroit-il à craindre que les Princes de ces illustres Maisons fissent de leur puissance le même abus que les Empereurs Autrichiens ont fait de la leur.

Il est donc faux que l'ordre de succession établi par le feu Empereur Charles VI. soit fondé sur la nécessité de pourvoir au maintien & à la conservation de l'Equilibre de l'Europe. Il ne me reste plus qu'à examiner la prétendue équité de cette même Constitution, laquelle, si on s'en rapporte à l'exposé du feu Empereur Charles VI, loin de donner la moindre atteinte aux droits de qui que ce soit, ne sert qu'à défendre ce qui appartient à un chacun.

C'est ici, Monsieur, le point le plus intéressant; & c'est aussi celui que je tâcherai d'éclaircir avec une évidence qui ne laisse aucun

aucun doute dans l'esprit.

Ce qui me reste à déveloper est d'une trop grande étendue pour que je n'en fasse pas le sujet d'une Lettre particuliere.

J'ai l'honneur d'être avec une estime singuliere,

MONSIEUR,

Votre très-humble &
très-obéissant servi-
teur ***

A Paris ce 20 Septembre
1744.

(66)

TROISIEME LETTRE
D'UN
SEIGNEUR HOLLANDOIS
A UN DE SES AMIS.
A LA HAYE.

SUR la légitimité des Droits de la Maison de Baviere aux Royaumes de Hongrie & de Bohéme, à l'Archiduché d'Autriche, à la Stirie, à la Moravie, à la Carinthie, à la Carniole, & aux autres Etats qui forment la Succession Autrichienne.

Avec des éclaircissemens sur les dispositions & les intérêts des principales Cours de l'Europe, au sujet de la Guerre présente.

MONSIEUR,

Si notre République a promis

la garantie de l'ordre de Succession établi par le feu Empereur Charles VI, ce n'a été que dans la supposition que cet ordre ne fût pas préjudiciable aux droits d'un tiers ; mais c'est-là une supposition qui ne peut plus avoir lieu.

Et en effet, à qui la Cour de Vienne persuadera-t-elle que la prétendue Pragmatique ait l'équité pour fondement ? Ce ne sera pas assurément à ceux qui ont quelque connoissance des justes prétentions de la Maison de Baviere sur la succession Autrichienne ; prétentions qu'il me suffira d'exposer pour en démontrer la légitimité. Je commence par les droits que la Séreniſſime Maiſon de Baviere a ſur l'Autriche & ſur pluſieurs Domaines enfermés dans la Souabe.

Chacun ſçait que le Marggraviat d'Autriche dépendoit autrefois du Duché de Baviere; c'eſt encore un fait inconteſtable, & dont conviennent tous les Hiſtoriens Allemands, que les anciens Ducs de ce nom conquirent ſur les Huns, ſur les Vandales & ſur d'autres Peuples infidéles, l'Autriche, la Stirie, la Carniole, la Carinthie, le Comté de Gorice, le Tyrol, & pluſieurs autres Pays dont ils demeurerent paiſibles poſſeſſeurs juſqu'au tems du Duc Arnolphe, qui persécuté par l'Empereur Conrad I. se vit forcé d'abandonner ses Etats, mais où il rentra sous le regne de Henry l'Oiseleur.

Je serois trop long, si je voulois rapporter les différentes révolutions arrivées jusqu'en 1272. tems auquel Rodolphe Comte de Hasbourg fut élevé à la Dignité de Chef de l'Empire.

Ce Prince qui devoit son élévation à Louis le Severe Duc de Baviere, à l'arbitrage duquel l'élection d'un Empereur avoit été remise, ne se vit pas plutôt placé sur le Trône Impérial, qu'il ne songea qu'à faire servir son autorité à l'aggrandissement de sa famille. La Maison de Baviere fut une des premieres victimes de son ambition. L'ingrat Rodolphe lui enleva toute l'Autriche dont il investit ses deux fils. Il ne s'en tint pas là. Poussant plus loin l'injustice, il envahit encore les Domaines que Louis & Henri possédoient dans la Souabe, & dont ils avoient été institués héritiers par le Roi Conradin leur neveu. Mais ce qu'il y a de plus étrange dans le procédé de Rodolphe, c'est qu'il sçavoit qu'il ne pouvoit s'emparer de ces Domaines sans détruire en quelque façon son propre ouvrage ; puisque quelques années auparavant il avoit confirmé lui-même par les Actes les plus authentiques les dispositions testamentaires de Conradin, dispositions qui avoient été autorisées par tous les Electeurs, & par plusieurs Etats de l'Empire.

Ce fut envain que les Ducs de Baviere indignés de tant d'injustices, en porterent leurs plaintes à la Diette. Les Princes & Etats qui s'y trouverent, ou séduits par les promesses, ou intimidés par les menaces de l'Empereur Rodolphe, n'oserent s'opposer à ses volontés. Ainsi les Ducs Louis & Henri se virent forcés de s'en tenir à des protestations solemnelles qui pûssent mettre leurs droits à couvert de toute prescription.

Telles sont les premieres prétentions de la Maison de Baviere. Je suis assuré, Monsieur, que vous convenez qu'elles ne peuvent être ni plus justes ni mieux fondées. Votre droiture & votre pénétration vous feront sans doute porter le même jugement sur ce qui me reste à vous exposer : je parle du Testament & du Codicile de Ferdinand I. qui, comme je l'ai dit, suffisent seuls pour établir d'une maniere incontestable les droits de la Maison de Baviere à la succession de la Maison d'Autriche.

Ferdinand I. intéressé à soutenir la grandeur & à pourvoir à la tranquillité de sa Maison,

crut

crut que pour réussir dans ce double dessein, il devoit commencer par travailler à mettre dans ses intérêts la Sérénissime Maison de Baviere, dont les droits sur l'Autriche & sur la Souabe lui paroissoient trop bien fondés, pour qu'il pût douter qu'elle ne s'empressât de profiter de la premiere occasion qui se présenteroit de les faire valoir. Un mariage qui confondit en quelque façon les intérêts des deux Maisons, fut regardé par Ferdinand comme le moyen le plus infaillible qui pût assurer le succès du grand projet qu'il méditoit, & que la justice autant que l'intérêt particulier de sa famille lui avoit fait former.

Ce fut dans cette vuë qu'en 1546. il donna pour épouse sa fille aînée la Princesse Anne à Albert Duc de Baviere. Par le Contrat de mariage il fut réglé que cette Princesse renonceroit en faveur des mâles à la succession tant paternelle que maternelle ; mais que dans le cas où la ligne masculine d'Allemagne & celle d'Espagne viendroit à manquer, elle & ses descendans hériteroient de tous les les Pays & Etats qui formoient la succession Autrichienne.

Anne, immédiatement après la célébration de son mariage, donna un acte de renonciation conforme à cet article, se reservant expressément à elle & à sa postérité le droit de succéder, si les deux lignes masculines venoient à s'éteindre. Ce droit lui avoit été accordé par les dispositions testamentaires de l'Empereur Ferdinand son pere, qui avoit déclaré que son intention étoit qu'au défaut des mâles sa succession passât à une de ses filles qu'il délaisseroit ; & dans son Codicile il dit, que sa succession écheoira à l'aînée de ses filles qui seroit alors en vie.

J'ai dit, Monsieur, & je le répéte, que c'est sur ces différens actes qu'est fondée la légitimité des prétentions de la Maison de

Baviere à la succession Autrichienne. Cette question sera pleinement décidée, si je puis prouver évidemment, premierement, que l'Empereur Ferdinand I. a été en droit d'établir une substitution, en faveur de la Princesse Anne sa fille aînée; secondement, qu'il a véritablement établi cette substitution ; & enfin que cette substitution n'est pas personnelle, mais qu'elle s'étend à tous les héritiers & descendans de cette Princesse.

La vérité de ma premiere proposition est appuyée sur le sentimen unanime des plus célébres Jurisconsultes, qui tous reconnoissent que la faculté de tester est de droit naturel. L'Empereur Ferdinand pouvoit donc établir tel ordre de succession qu'il jugeoit être le plus convenable. Et pouvoit-il en imaginer un plus avantageux à sa Famille que celui qui a été réglé par ses dispositions testamentaires ? N'étoit-il pas de son intérêt de s'assurer que la Maison de Baviere ne songeroit plus à faire valoir les justes prétentions qu'elle avoit sur l'Autriche & sur la Souabe ? Et voilà ce que Ferdinand a obtenu, en réglant qu'au défaut des mâles sa succession passeroit à la Princesse Anne mariée au Duc Albert. En conséquence de cette substitution fidei-commissoriale, la Maison de Baviere sûre qu'après l'extinction des deux lignes masculines d'Allemagne & d'Espagne, non seulement elle rentreroit dans son ancien patrimoine, mais qu'elle hériteroit encore des Royaumes & Etats que possédoit Ferdinand I. n'eut pas de peine à consentir que ses anciens droits demeurassent comme assoupis.

Mais qu'est-il nécessaire de prouver ce que la Cour de Vienne ne peut contester ? Si Charles VI. a été en droit de régler l'ordre de sa succession, n'est-il pas évident que Ferdinand I. a dû jouir du même privilége ; & cela avec d'autant plus de raison qu'il étoit le premier acquéreur des Royaumes de Hongrie & de Bohême, & qu'il possédoit seul les Etats d'Autriche qui lui avoient été cédés par l'Empereur Charles V. son frere ?

Je passe, Monsieur, à ma seconde proposition, dont les preuves ne vous paroîtront pas moins solides que celles de la premiere. Non seulement l'Empereur Ferdinand a pû au défaut des mâles substituer sa fille aînée, mais il l'a incontestablement instituée sa légitime héritiere dans le cas que la descendance masculine d'Allemagne & d'Espagne vînt à manquer. Pour vous en convaincre, il n'y a qu'à lire les dispositions testamentaires de cePrince.

Comment s'explique-t-il ? Après avoir déclaré que sa volonté étoit, qu'après sa mort Maximilien son fils aîné héritât seul des Royaumes de Hongrie & de Bohéme, il s'exprime ainsi : ,, Mais dans le cas que notre-
,, dit fils vînt à mourir sans laisser
,, d'héritiers nés d'un légitime
,, mariage, alors notre fils Fer-
,, dinand ; & à son défaut, tou-
,, jours l'aîné de nos fils entrera
,, dans le Gouvernement héré-
,, ditaire de nos Royaumes &
,, Etats.

Si on s'en rapporte à la décision de la Cour de Vienne, l'Empereur Ferdinand dans ces mots, *héritiers nés d'un légitime mariage*, a compris les descendans de l'un & de l'autre sexe. Mais quoi : seroit-il probable que ce Prince si ardent pour tout ce qui pouvoit contribuer à la splendeur & à l'aggrandissement de sa Famille, dont il se regardoit comme le Législateur, ait voulu que toute sa descendance masculine ait été exclue par une fille de son fils aîné ? Mais si cela étoit, pourquoi la Maison d'Autriche a-t-elle depuis près de deux siécles contrevenu à cette disposition ? La postérité masculine de Maximilien fils aîné de Ferdinand I. & celle de Ferdinand son second fils venant à manquer, qui est-ce qui recueille la succession? Est-ce une des filles de Maximilien, ou quelqu'un des descendans de cette Princesse? Non, c'est l'aîné des fils de Charles de Stirie troisiéme fils de Ferdinand I. qui n'auroit été appellé à la succession qu'après l'extinction de toute la descendance masculine & feminine de Maximilien, si sous les termes d'*héritiers nés d'un mariage légitime*, étoient compris les deux sexes. La même chose n'est-elle pas arrivée après la mort de l'Empereur Joseph ? Ce ne sont point les Archiduchesses ses filles, mais Charles VI. qui hérite seul de tous les Royaumes & Etats de la Maison d'Autriche.

Une seconde clause du même Testament, prouve invinciblement, que sous ces termes d'héritiers nés d'un légitime mariage, Ferdinand n'a voulu comprendre que la descendance masculine. » S'il arrivoit, dit le » Testateur, que notre chere » Epouse & tous nos fils vinssent » à mourir sans héritiers nés d'un » légitime mariage, une de nos » filles que nous délaisserons hé- » ritera.

A quoi se réduiroit cette clause, s'il étoit vrai que ce mot *héritiers* désignât les deux sexes ? Quel langage plus ridicule & plus absurde que celui que l'on feroit tenir à Ferdinand ? On lui feroit dire que si la Reine son Epouse décédoit sans laisser ni fils ni filles, une de ses filles lui succéderoit ; fut-il jamais une contradiction plus manifeste ?

L'on doit donc conclure que Ferdinand, après l'extinction de ses descendans mâles, ne prétendoit point appeller à la succession d'autres filles, que l'une des siennes : mais quelle est celle sur qui il laisse tomber son choix ? Il nous l'apprend dans son Codicile du premier Février 1547. c'est sur sa fille aînée, qui sera alors en vie. Le même ordre de succession qu'il avoit établi entre ses fils, il l'établit entre ses filles. Or cette fille aînée est la

Princesse Anne mariée à Albert V. Duc de Baviere, parce qu'Elisabeth, dont elle étoit la cadette, & qui avoit épousé Sigismond Roy de Pologne, étoit morte en 1545. sans laisser de postérité.

La Reine de Hongrie prétendra-t'elle que sa qualité de fille du dernier Possesseur lui donne droit de succéder? Que nous apprennent là-dessus les Jurisconsultes les plus suivis? Ils nous disent que lorsqu'après l'extinction des mâles il s'est fait une transition d'un sexe à l'autre, l'on doit alors s'en tenir à la proximité des lignes; & que pour juger de cette proximité, il est nécessaire de remonter au Testateur. Or, chacun sçait que le feu Empereur Charles VII. descendoit de la ligne qui a été immédiatement substituée aux mâles, & que cette ligne est l'ainée de celle dont la Reine de Hongrie tire son origine, l'Archiduchesse Anne étant née long-tems avant Charles de Stirie.

Il nous reste, Monsieur, à examiner si la substitution établie en faveur de l'Archiduchesse Anne, s'étend à tous les héritiers & descendans de cette Princesse. La Cour de Vienne prétend que cette substitution ne peut être que personnelle; & la raison sur laquelle elle s'appuye, c'est qu'il est dit dans le

Codicile de Ferdinand I. que dans la fuppofition de l'entiere extinction de la defcendance mafculine, la fucceffion de ce Prince pafferoit à fa fille aînée qui fe trouveroit en ce tems-là en vie.

C'eft le feul bon fens que je veux établir juge dans cette queftion ; & en effet, qui eft-ce qui pourra fe perfuader que le Teftateur ait eu deffein d'établir une fubftitution, qui ne pouvoit avoir lieu que dans un cas, qui felon l'ordre du cours de la nature, ne pouvoit arriver ? Car étoit il moralement poffible que la Princeffe Anne fubftituée immédiatement aux héritiers mâles, survêcut à Maximilien I. à Ferdinand II. à Charles de Stirie, à Philippe, à Charles II. Infant d'Espagne, & à toute la descendance masculine, qui pouvoit provenir de ces Princes?

Mais pour entrer dans l'esprit du Testateur, il n'y a qu'à faire quelque attention à ses dispositions testamentaires & aux clauses contenues dans le Contrat de mariage & dans l'Acte de renonciation de l'Archiduchesse Anne. Il est dit dans le Testament & dans le Codicile de ce Prince, qu'en cas que les héritiers mâles viennent à manquer; sa fille aînée héritera. Il est vrai que ni dans l'un ni dans l'autre, il n'est pas

pas fait mention des héritiers de cette Princesse ; mais c'est par son Contrat de mariage & par son Acte de rénonciation, que le Testament & le Codicile doivent être expliqués. Or, il est expressément stipulé dans tous les deux, que s'il ne restoit plus que des filles, *l'Archiduchesse Anne & ses Héritiers seroient admis à succeder.*

Voilà donc une substitution graduelle & linéale établie par l'Empereur Ferdinand I. Substitution par conséquent qui s'étend à tous les descendans de la personne qui a été immédiatement substitué, & qui leur donne la préférence sur les filles du dernier mâle.

Mais voici, Monsieur, le point le plus digne d'attention : c'est que la Princesse Anne s'étant réservé pour elle & pour ses héritiers le droit de succéder après l'entiere extinction de la descendance masculine, & sa renonciation ayant été acceptée avec cette clause réservatoire par l'Empereur son pere, il s'ensuit de là que Charles VI. n'a pas été en droit de tester. Pourquoi cela? Parce qu'il ne pouvoit sans injustice disposer d'une succession affectée depuis près de deux siécles à un fidel-commis, ainsi qu'à un droit de retour conventionel.

Pour ne rien omettre de tout ce qui peut servir à répandre du jour sur une matiere aussi importante que l'est celle que je traite, je dois encore examiner si les droits de la Maison de Baviere doivent être censés éteints par l'accession du feu Empereur Charles VII. au traité de Vienne, & par l'Acte de renonciation contenu dans le Contrat de mariage de ce Prince avec l'Archiduchesse Amélie fille de l'Empereur Joseph.

On sçait que le feu Empereur Charles VI. en mariant cette Princesse à son Altesse Electorale de Baviere, exigea d'elle qu'elle renonçât à tous les droits qu'elle pouvoit avoir fur la fucceffion Autrichienne; rénonciation que l'Electeur fon Epoux promit de ratifier, & qu'il ratifia. Mais qui ne voit que cette rénonciation n'a pour objet que les feuls droits de la Séréniffime Electrice, & qu'il n'eft nullement queftion des anciennes prétentions de la Maifon de Baviere auxquelles le feu Empereur n'a jamais renoncé?

Il eft vrai qu'en 1726. il accéda au Traité conclu en 1725. entre la Cour de Vienne, & celle de Madrid. On ne nie point auffi que la garantie de la Pragmatique-Sanction n'y foit expreffément ftipulée à l'Article XII. Mais n'eft-il pas dit dans le préambule de ce Traité: « Qu'il ne contenoit rien que ce que les Traités d'Utrecht, de Bade & de Londres, comme auſſi les Pactes ſolemnels convenus, lors des Mariages des deux Séréniſſimes Electeurs avec les Archiducheſſes, & reſpectivement l'Archiducheſſe Amélie, renfermoient d'obligatoire? »

C'eſt donc un fait conſtant, que l'Empereur Charles VII n'a accédé au Traité de Vienne que relativement à ſon Contrat de Mariage, d'autant que, du chef de la Princeſſe ſon Epouſe, il auroit pu s'oppoſer à l'ordre de Succeſſion établi par l'Empereur Charles VI. ordre trop préjudiciable aux droits de la Maison de Baviere, pour qu'elle ne les mît pas à couvert par les protestations les plus solemnelles.

Qu'en pensez-vous, Monsieur ? Les prétentions de la Sérenissime Maison de Baviere vous paroissent-elles bien dévelopées ? Vous resteroit-il encore quelque doute sur leur légitimité ? Je ne sçais si je me flatte; mais je crois que les preuves que je viens d'apporter sont autant de démonstrations qui entraînent avec elles la conviction: aussi loin de désirer que vous teniez cette Lettre sécrette, j'ose au contraire vous prier, Monfieur, d'en faire part à ceux de nos Compatriotes, que vous fçavez être les plus zélés Partifans de la Maifon d'Autriche.

Il leur fera facile de fe convaincre que cette efpece de Loi, à qui nous donnons le nom de Pragmatique-Sanction, fe trouve non feulement deftituée de tous les fondemens fur lefquels le feu Empereur Charles VI. difoit qu'elle étoit appuyée ; mais qu'elle eft encore diametralement oppofée à l'équité. Or fi notre République n'a promis la garantie de cette Conftitution, que parce qu'elle lui avoit été préfentée comme ne donnant aucune atteinte aux droits d'un tiers, n'est-il pas évidemment vrai que la Hollande se trouve parfaitement libre des engagemens qu'elle avoit contractés envers la Maison d'Autriche ? Car ces engagemens, comment pourroit-elle les remplir, sans se rendre elle-même coupable d'injustice ? N'en seroit-ce pas en effet une criante, que d'empêcher que la Maison de Baviere ne recueille une succession qui lui est dévolue par les titres les plus incontestables & les plus légitimes ?

La Ligue de Francfort n'est-elle pas une preuve de ce que pense le Corps Germanique au sujet des différends survenus entre les Cours de Vienne & de Munick?

Si

si les Princes qui sont entrés dans cette Ligue, épousent avec tant de chaleur les intérêts de la Maison de Baviere, n'est-ce pas parce qu'ils sont intimement persuadés de la légitimité de ses prétentions, & qu'ils ne croyent pas que leur honneur leur permette de souffrir qu'elle soit injustement dépouillée de ses droits ?

Ce seul exemple n'est-il pas bien capable d'ouvrir les yeux à notre République sur le parti qu'elle doit prendre ? On la sollicite d'accéder au Traité de Francfort : quelle gloire ne seroit-ce pas pour elle, si elle avoit contribué au rétablissement du repos & de la tranquillité de l'Empire ! Mais je veux que les engagemens qu'elle a contractés avec les Cours de Vienne & de Londres ne lui permettent pas d'unir ses forces à celles des Princes ligués, son intérêt du moins n'exige-t'il pas qu'à l'exemple des Puissances du Nord, elle s'en tienne à une exacte neutralité ?

Vous n'ignorez pas, Monsieur, quel a été jusqu'à présent le succès des négociations des Ministres de la Reine de Hongrie, & de ceux de Sa Majesté Britannique. Que de mouvemens ne se sont-ils pas donnés à la Cour de Petersbourg ! Mais qu'il s'en faut bien que l'Impératrice ait voulu se rendre à leurs instances.

La Cour de Stokolm ne s'est-elle pas expliquée d'une maniere encore décisive ? Le Roi de Suede n'a-t'il pas déclaré que sa qualité de Landgrave de Hesse ne lui permettoit pas de souffrir que la tranquillité de l'Empire fût troublée plus long-tems, ni que la Dignité du Corps Germanique, demeurât encore exposée aux outrages qu'elle avoit à essuyer de la part de la Cour de Vienne.

Il n'y auroit donc que les Cours de Warsovie & de Coppenhague, d'où la Reine de

Hongrie pût se promettre quelque secours : & est-il quelqu'un qui ignore que ces deux Cours sont dans la ferme résolution de garder une exacte neutralité ?

C'est donc sur l'Angleterre, & presque sur l'Angleterre seule que la Cour de Vienne peut se reposer. Car je connois la sagesse de notre République. Elle est trop éclairée sur ses intérêts, pour qu'elle soit dans la disposition d'accorder de nouveaux secours, qui en fournissant à la Reine de Hongrie les moyens de continuer une Guerre funeste à ses Alliés, ne serviroient qu'à épuiser la Hollande.

Mais l'Angleterre elle-même

est-elle dans le pouvoir & dans la volonté de supporter encore long-tems le poids d'une Guerre qui la ruine sans ressource ? Important sujet de dissertation, qui fera la matiere de la premiere Lettre que j'aurai l'honneur de vous écrire. Je suis en attendant, avec la plus parfaite estime,

MONSIEUR,

  Votre très-humble & très-obéissant serviteur ***.

A Paris le 22 *Septembre* 1744.

QUATRIEME LETTRE
D'UN
SEIGNEUR HOLLANDOIS
A UN DE SES AMIS.
A LA HAYE.

SUR les dispositions & les intérêts opposés de la Cour de Londres, & de la plus grande partie de la Nation Britannique, au sujet de la Guerre présente;

Avec des Remarques qui serviront à faire connoître si l'Angleterre est dans le pouvoir & dans la volonté de supporter encore long-tems le poids de cette même Guerre.

MONSIEUR,

C'a été pour moi une véritable satisfaction d'apprendre que les deux dernieres Lettres que j'ai eu l'honneur de vous écrire ayent produit l'effet que je m'en promettois, & dont je me croyois assuré. Car pouvois-je douter que la simple exposition des prétentions de la Maison de Baviere à la succession de la Maison d'Autriche, ne suffît pour en démontrer la légitimité; ainsi je ne suis point surpris que ceux de nos Compatriotes à qui vous avez fait part de ces deux dernieres Lettres, soient à présent très-persuadés que notre République se trouve non seulement libre des engagemens qu'elle avoit contractés envers la Cour de Vienne, mais encore qu'elle ne pourroit remplir ces prétendus engagemens, sans se rendre elle-même coupable d'injustice.

La Cour de Londres n'aura garde de convenir de cette vérité ; mais si elle la nie, n'est-ce pas parce qu'elle se croit intéressée à la nier ? Qu'il s'en faut bien que toute la Nation soit dans les mêmes sentimens que la Cour. Mais je veux que ce soit d'un consentement unanime que la Guerre présente ait été entreprise ; je demande si la Cour de Londres pourra supporter encore long-tems le poids de cette même guerre !

Pour en juger, nous n'avons, Monsieur, qu'à examiner quelles sont les forces actuelles de l'Angleterre, & quelles peuvent être ses ressources. Si ses forces sont plus épuisées qu'elles ne le seroient après trente années consécutives d'une guerre non interrompue, si toutes les ressources sur lesquelles elle comptoit lui manquent, n'est-il pas palpable qu'elle ne peut, sans s'exposer au risque d'une ruine entiere, songer à la continuation d'une guerre infiniment coûteuse, & dont elle n'a pû s'empêcher de faire jusqu'à présent presque tous les frais.

Vous sçavez aussi-bien que

moi, Monsieur, ce qu'a déja coûté à l'Angleterre la guerre qu'elle a avec l'Espagne; quelle prodigieuse dépense n'a-t'elle pas été obligée de faire pour armer & entretenir les Flottes nombreuses qu'elle a mises en mer, & de quelle utilité ont-elles été ? Ces Flottes n'ont-elles pas échoué dans la plûpart de leurs entreprises ? Que n'a pas souffert celle qui formoit le siége de Carthagene ? Combien de Vaisseaux ou pris, ou brûlés, ou coulés à fond ! De ce grand nombre d'Anglois qui composoient l'équipage de cette Flotte, en est-il beaucoup à qui il n'en ait coûté ou la vie ou la liberté ?

Mais voici, Monsieur, ce qui doit seul vous faire comprendre quel est l'épuisement de l'Angleterre. Vous n'ignorez pas qu'il en est de ce Royaume comme de la Hollande; c'est le commerce, & presque le commerce seul qui fait les principales richesses de l'un & de l'autre. Or on ne peut nier qu'il ne soit entierement tombé en Angleterre.

A quelle extrême misere ne se trouve pas réduite cette foule innombrable d'ouvriers, qui avant la guerre, trouvoient dans un travail journalier de quoi subsister? Si on les voit par troupes remplir impunément les Villes & les Campagnes de meurtres, de vols & de brigandages, n'eſt-ce pas là une preuve de l'entiere décadence du commerce ? Et cependant l'Angleterre n'auroit-elle pas plus beſoin que jamais de trouver dans un commerce floriſſant de quoi fournir aux dépenſes exceſſives qu'elle eſt obligée de faire pour remplir les engagemens qu'elle a contractés avec les Cours de Vienne & de Turin ?

Les Armées que ces deux Puiſſances ont ſur pied, aux dépens de qui ſont-elles entretenues ? N'eſt-ce pas preſqu'entierement aux dépens de la Cour de Londres ? Combien par conséquent d'argent qui eſt ſorti, & qui ſort encore chaque jour de l'Angleterre, pour n'y jamais rentrer ? A ces dépenſes exceſſives, ajoutons ce qu'il en coûte encore à cette Couronne pour l'entretien de ſes propres troupes & de celles qu'elle a priſes à ſa ſolde.

Après toutes ces obſervations, n'eſt-il pas naturel de conclure que ſi l'Angleterre fait encore quelques efforts, elle ne pourra les continuer long-tems? Où eſt ce nouveau ſecours de douze mille Anglois qui devoient paſſer en Flandres ? Si ce ſecours n'a pas paru, doit-on en être surpris ? Ne sçait on pas que ce Royaume se trouve épuisé d'hommes au point que l'on ne voit plus dans les Campagnes que des femmes occupées à labourer les terres ?

Je préviens, Monsieur, une objection que vous ne manquerez pas de me faire. »Com-
» ment seroit-il possible, *me di-*
» *tes-vous*, qu'une guerre de
» trois ou quatre ans eût affoi-
» bli si considérablement l'An-
» gleterre? Qui est-ce qui ignore
» les longues guerres que cette
» Couronne a eu à soutenir dans
» le dernier siécle, & au com-
» mencement de celui-ci ? N'a-
» t'elle pas mis la France dans la

» nécessité de faire les premie-
» res avances pour obtenir la
» paix ?

J'en conviens , Monsieur , mais convenez aussi qu'il n'en est pas de cette guerre, comme de celles qui ont précédé. La plus grande partie des Puissances de l'Europe armées contre la France, fournissoient en commun chacune à proportion de ses forces aux frais de la guerre. Mais ici c'est l'Angleterre , qui à l'exception de quelques secours accordés par la Hollande , fait presque seule toutes les dépenses de la guerre présente. Il n'est donc pas étonnant que cette guerre l'ait plus épuisée , que ne l'ont fait toutes celles qui ont précédé.

Mais, si cette Couronne n'a pû se défendre que foiblement contre l'Espagne, comment pourroit-elle tenir contre les forces de la France & de l'Espagne unies ensemble, & contre celles des Princes qui sont entrés dans la Ligue de Francfort?

Examinons à présent, Monsieur, quelles peuvent être les ressources de la Cour de Londres. Je vous ai déja parlé du peu de succès qu'ont eû les négociations de ses Ministres dans les principales Cours du Nord. C'est un fait constant qu'elle ne

peut

peut plus compter fur les grands fecours qu'elle s'en promettoit. Se flatteroit-elle que notre République fût difposée à fuppléer à ce défaut ?

Que de preffantes inftances, que d'artificieufes follicitations n'a-t-elle pas employées pour nous engager à déclarer la guerre à la France ? Mais n'en eft-ce pas trop que nous ayons donné dans les premiers pieges qu'elle nous a tendus? Par le rafinement de fa politique elle eft venue à bout de nous faire faire des pas qui nous coutent déja trop cher, pour que nous ne tâchions pas d'en prévenir les dangereufes fuites.

Notre République toujours fidelle à remplir ses engagemens, s'empressera d'accorder à l'Angleterre les secours stipulés par les Traités conclus entre leurs Hautes - Puissances & Sa Majesté Britannique ; mais seroit-elle assez peu jalouse de ses intérêts pour qu'elle fût tentée de les sacrifier aux intérêts particuliers des Cours de Vienne & de Londres? Oubliera-t-elle en leur faveur ce qu'elle doit à sa propre sûreté, & au maintien de sa tranquillité & de son repos ?

Où seroit notre sagesse, si pour venger une querelle qui nous est étrangere, nous nous exposions à nous voir dépouillés des richesses que nous devons à une longue paix, & qui sont le fruit de notre sage œconomie & de notre application à faire fleurir notre commerce ? Sans parler des dangers encore plus affreux dont la Hollande seroit menacée ; car qui pourroit nous répondre que l'intérieur de nos Provinces ne devînt dans la suite le théatre d'une guerre sanglante, qui ne pourroit que nous être funeste, quelle qu'en doive être l'issue ? Vous n'avez, Monsieur, pour en être persuadé, qu'à vous rappeller ce que je vous ai écrit à ce sujet dans ma premiere Lettre.

Vous me direz, peut-être,

Monsieur, que les seules forces de la Maison d'Autriche, sont pour l'Angleterre une ressource assez grande pour qu'elle n'ait pas besoin du secours de quelques autres Alliés. Me permettrez-vous, Monsieur, de vous l'avouer ? Je crois que l'idée que vous vous êtes formée de la puissance de cette Maison, n'est pas tout-à-fait juste. Les longues & sanglantes guerres qu'elle a eu à soutenir pendant bien des siécles, les avantages considérables qu'elle a quelquefois remportés sur la France; les fameuses batailles qu'elle a gagnées sur des armées innombrables, composées de tout ce que l'Empire Ottoman pouvoit fournir de meilleures troupes, font une preuve bien équivoque de fa puiffance; car ces glorieux fuccès, à qui la Maifon d'Autriche les doit-elle? Eft-ce à fes feules forces? Pour qu'elle ait été en état de fe défendre en tout tems n'a t'il pas été néceffaire qu'elle ait été appuyée des forces de tout l'Empire, & de celles d'un grand nombre d'Alliés? Et malgré de fi puiffans fecours, les Empereurs de la Maifon d'Autriche toujours pauvres, ne fe trouvoient-ils pas hors d'état de fournir à la folde des troupes qu'ils avoient fur pied? Auffi les Généraux qui les commandoient étoient-ils forcés de fouffrir qu'elles vécuffent ordinairement de vols & de pillages.

Je me rappelle à cette occasion un trait trop singulier pour ne pas le rapporter. Le voici, Monsieur ; vous en jugerez.

Le Prince Louis de Bade, après avoir inutilement repréfenté à la Cour de Vienne tout ce que les troupes dont il avoit le commandement général, souffroient de la mifere ; & s'étant déterminé à en porter fes plaintes à l'Empereur Léopold, il lui écrivit en ces termes : » Votre
» Majefté Impériale fçaura, que
» dès que l'on voit dans les rues
» quelque miferable couvert de
» haillons, marchant nuds pieds
» & mandiant fon pain de porte

» en porte, il n'eſt pas juſqu'aux
» petits enfans qui ne s'écrient,
» voilà un Soldat de l'Empe-
» reur.

Convenez, Monſieur, que c'eſt-là un trait qui n'eſt gueres propre à prouver la puiſſance de la Maiſon d'Autriche ; mais voyons quelles ſont les forces actuelles de cette Maiſon. Combien de riches Provinces que la guerre préſente lui a déja enlevées ! & qui ſelon toutes les apparences ne rentreront pas ſi-tôt ſous le peſant joug de cette imperieuſe Maiſon !

Quelque conſidérable que ſoit une ſi grande diminution de puiſſance, peut-être la Cour de

Vienne n'en feroit-elle pas infiniment allarmée, fi elle pouvoit fe promettre de la part de l'Empire les mêmes fecours qu'elle en a fi fouvent obtenus, ou par féduction, ou par violence, & cela dans des occafions où il ne s'agiffoit que des intérêts particuliers de la Maifon d'Autriche? Mais dans la guerre préfente, l'Empire n'a garde de vouloir confondre fes intérêts nouveaux de la prétendue héritiere de la Maifon d'Autriche. Ce terme de prétendue héritiere ne vous paroîtra pas déplacé, Monfieur, s'il eft inconteftable, comme je crois l'avoir démontré évidemment dans mes deux
dernieres.

dernieres Lettres, que la Reine de Hongrie n'a aucun droit aux Etats dont elle s'est mise en possession, & qui forment la succession Autrichienne.

Il s'agit cependant dans les conjonctures présentes d'une nouvelle armée & même d'une armée nombreuse & formidable pour l'opposer à celle du Roi de Prusse & des autres Princes de l'Empire unis par la Ligue de Francfort, & dont le nombre ne peut manquer de grossir considérablement.

Mais cette nouvelle armée où pourra-t-on la lever ? Sera-ce dans les Royaumes du Nord que l'on sçait être résolus de s'en tenir à une exacte neutralité? Sera-ce dans les Etats héréditaires de la Maison d'Autriche, & ces mêmes Etats déja extrêmement affoiblis par les démembremens volontaires ou forcés qui en ont été faits, ne se trouvent-ils pas autant épuisés d'hommes que d'argent? Quel secours la Reine de Hongrie a-t'elle pû tirer des Etats assemblés à Presbourg? Où est ce nouveau renfort de cinquante mille Hongrois qui devoient marcher à son secours?

Il n'y auroit donc que les Etats de l'Empire où les Cours de Vienne & de Londres qui pussent prendre des troupes à leur

Iolde, & tous les Electeurs, Princes & Etats qui composent le Corps Germanique ne sont-ils pas intéressés à travailler de concert au rétablissement du repos & de la tranquillité de l'Allemagne, que les injustes & ambitieuses entreprises de la Cour de Vienne ont rendue le théatre d'une guerre sanglante?

Mais pour connoître quelles peuvent être les dispositions de l'Empire à l'égard de la Cour de Vienne, il n'y a qu'à considérer ce que cette Cour a osé entreprendre contre l'Empire. Ne s'est-elle pas obstinée à ne pas vouloir reconnoître pour Empereur l'auguste Prince, qui du consentement unanime de tous les Electeurs avoit été élevé sur le Trône Impérial ? N'a-t'elle pas contesté la légitimité d'une Diette subsistante depuis plus de quatre-vingt ans ? Combien d'attentats n'a-t'elle pas commis contre la Liberté du Corps Germanique? Comment a-t'elle traité les Electeurs, Princes & Etats libres ? Trop fiere pour souffrir qu'on osât lui résister, n'a-t'elle pas employé la violence & les menaces contre tous ceux qui refusoient de se prêter à ses ambitieux projets ? Combien de Fiefs de l'Empire ou qu'elle s'est appropriés, ou dont elle a disposé en faveur de ceux qui lui prêtent du secours ?

L'Allemagne n'a-t'elle pas été inondé des troupes auxiliaires de la Maison d'Autriche ; & quelles traces n'ont-elles pas laissées par tout de leur barbare fureur ? On les a vû exercer jusques dans le cœur de l'Empire des hostilités que des troupes réglées pourroient à peine se permettre dans des pays ennemis. Combien de Bourgs & de Villages qui ont été pillés & brûlés ? Les malheureux habitans des bords du Mein & du Rhin sont autant de témoins de ces horribles excès.

Quel a été le but de ces violences ? C'est que l'on vouloit forcer l'Empire à s'engager dans une guerre qui ne devoit finir que lorsque la Cour de Vienne seroit indemnisée pour le passé, & qu'elle auroit ses sûretés pour l'avenir. C'est-à-dire que selon ce plan ce devoit être au feu Empereur & à ses Alliés à payer les frais de la guerre, & qu'il en devoit outre cela coûter à la France la cession de l'Alsace, de la Lorraine, de la Franche-Comté, & de toutes les Places que cette Couronne possède dans les Pays-Bas.

N'admirez-vous pas avec moi, Monsieur, la modération de la Cour de Vieune ? Ce plan de pacification vous rappelle sans doute les propositions qui furent faites aux Conférences tenues à Gertruydenberg. Mais finiſſons, ce que j'ai dit ſuffit pour prouver qu'il ne ſeroit pas facile aux Cours de Vienne & de Londres de lever une armée telle qu'il la faudroit pour l'oppoſer à celle des Princes ligués.

Je ne ſçais, Monſieur, ſi je me trompe, mais ſi toutes les obſervations que je viens de faire ſont juſtes, je crois que l'on en doit conclure que la paix n'eſt guéres moins néceſſaire à la Cour de Londres qu'à celle de Vienne. Mais laquelle de ces deux Cours oppoſera le plus d'obſtacle à la concluſion de cette paix ſi néceſſaire ? Je vous ferai part dans la Lettre suivante de quelques refléxions politiques que j'ai faites à ce sujet. J'ai l'honneur d'être très-parfaitement,

MONSIEUR,

Votre très-humble & très-obéissant serviteur ***.

A Paris ce 15 Octobre 1744.

CINQUIEME LETTRE

D'UN

SEIGNEUR HOLLANDOIS

A UN DE SES AMIS.

A LA HAYE.

SUR les différens intérêts des Princes & Etats d'Italie, au sujet de la Guerre présente.

Monsieur,

Vous voulez donc qu'une seconde fois je vous ouvre librement ma pensée, sur le parti qu'a pris notre République dans la guerre présente. Mais ne fera-ce pas m'expofer à une nouvelle perfécution? Et comment pourrois-je oublier celle que m'ont fufcitée les quatre premieres Lettres que j'ai eu l'honneur de vous écrire ? Quoiqu'elles ne m'ayent été dictées que par le feul zéle qui m'anime pour ma Patrie , ne m'ont-elles pas fait paffer dans l'efprit de la plûpart de nos Compatriotes , pour un homme entiérement livré aux intérêts de la France ?

Il eft vrai , que fi mon avis eût été fuivi, notre République fe feroit bien gardée de s'engager dans une guerre qui ne pouvoit manquer de lui couter beaucoup, quelle qu'en dût être l'issue.

Notre chaleur à épouser des intérêts qui nous étoient étrangers nous a précipités dans des malheurs, dont selon toutes les apparences nous ne verrons pas si-tôt la fin : Je dis des intérêts qui nous étoient étrangers ? car s'il est évident, comme je crois l'avoir démontré dans ma seconde & dans ma troisiéme Lettre, que la Pragmatique-Sanction est non-seulement nulle, mais qu'elle est encore directement opposée à l'équité, puisqu'elle tend à priver un tiers de ses droits les plus légitimes, ne s'ensuit-il pas que notre République se trouve parfaitement libre des engagemens qu'elle avoit contractés avec la Cour de Vienne ?

Mais le maintien de l'Equilibre de l'Europe, & par conséquent l'intérêt de notre propre sûreté, n'exigeoit-il pas que nous nous oppofaffions à la trop grande puiffance de la France ? Frivole prétexte que les Cours de Vienne & de Londres n'ont que trop sçu faire valoir. Par leurs artificieuses follicitations, elles sont venus à bout de nous affocier aux périls qui les menaçoient. Que ne nous proposions-nous pour modéles les Puiffances du Nord ? A-t'on pû leur perſuader que la conſervation de ce prétendu Equilibre de l'Europe, fût pour elles un motif de prendre les armes ? Quand eſt-ce que leur repos & celui de l'Europe entiére a commencé à être troublé ? N'eſt-ce pas lorſque la Maiſon d'Autriche a commencé à s'élever & à s'aggrandir ? Que de ruiſſeaux de ſang n'ont pas fait couler les ambitieuſes prétentions de cette Maiſon ! Notre République en particulier oubliera-t'elle ce qu'il en a coûté à nos peres, pour échapper au joug qu'elle vouloit leur impoſer ?

Peut-être êtes-vous surpris, Monsieur, des rapides progrès qui accompagnent les armes de la France dans les Pays-Bas Autrichiens? Attribuez-en la principale cause à l'ardeur avec laquelle les Peuples de ces fertiles Provinces soupirent depuis bien des années après un changement de domination, qui portera chez eux cette même prospérité & cette abondance qui regne chez leurs voisins. Et en effet, quelle différence de condition entre les habitans des Villes qui sont sous la puissance de la France, & entre les habitans de celles qui sont sous la domination de la Maison d'Autriche ? Les premiers, enrichis par un commerce florissant, & par la consommation annuelle qui se fait de leurs denrées, par des Garnisons nombreuses, se voyent en état de payer des subsides, qui, quoique considérables, leur paroissent d'autant plus legers, que l'argent que l'on tire de leurs Provinces, n'en sort que pour y rentrer bien-tôt après. En est-il de même des Peuples de Flandre soumise à la domination Autrichienne ? Malgré la fertilité de leurs terres, pauvres dans leur abondance, ne sont-ils pas forcés de s'épuiser

pour fournir aux besoins toujours pressans de la Cour de Vienne ? Aussi, qu'on leur laisse la liberté de suivre leur inclination, avec quel empressement ne se soumettront-ils pas aux Loix qu'un nouveau Maître voudra leur imposer ? Disons la même chose des Pays & Etats que la Maison d'Autriche possede en Italie. C'est avec joye qu'ils voyent approcher le moment qui doit les délivrer d'un joug qui leur étoit devenu insupportable. Car, parcourons les Annales de l'Italie, que de victimes ne nous offrent-elles pas de l'excessive ambition, ou de la trop grande puissance des
Empereurs

Empereurs Autrichiens ? Combien de Villes florissantes ruinées, de riches Provinces ravagées, de Fiefs de l'Empire aliénés ? Combien de Princes Souverains dépouillés de leurs Etats, ou réduits à ne les retenir qu'à des conditions dures & humiliantes ? Si l'Italie a été pendant bien des siécles le théâtre d'une longue suite de cruelles guerres, reconnoissons qu'il en a été de l'Italie comme de l'Empire, je veux dire que la Maison d'Autriche, pour son intérêt particulier, a toujours troublé la tranquillité & le repos de l'un & de l'autre & que l'un & l'autre ont été mille fois forcés de s'épour mettre cette Maison en état de faire valoir ses ambitieuses prétentions : Prétentions qui n'avoient souvent pour but que de nouvelles usurpations.

Ne remontons point, Monsieur, à des tems reculés, ne parlons que du seul Traité de Worms. Est-ce l'équité qui en a dicté les Articles ? Toute l'Europe ne s'est elle pas récriée contre l'injustice que la Cour de Vienne vouloit faire à la République de Génes ? Quel droit avoit-elle de disposer du Marquisat de Final en faveur du Roy de Sardaigne? Mais c'est de tout tems que la Maison d'Autriche s'est fait des Alliés, non en les enrichissant à ses dépens, mais en leur cédant ce qui ne lui appartenoit pas. Combien d'exemples de ces sortes d'injustices ne nous fournissent pas l'Italie & l'Empire ?

Je reviens à la République de Gênes. Que n'a t'elle pas fait pour se dérober à la nécessité de prendre les armes ? Quelle voye de négociation n'a-t'elle pas employé ? Elle a porté ses plaintes aux Cours de Vienne & de Londres ; mais plaintes inutiles. Ainsi quel parti restoit il à prendre aux Génois ? Point d'autre que celui qu'ils ont pris, & qu'ils n'ont pris, que parce qu'ils y ont été forcés par la dureté du

Ministere Britannique & Autrichien. L'intérêt de leur sûreté demandoit qu'ils cherchassent un appui ; & cet appui ils l'ont trouvé dans l'alliance qu'ils ont contractée avec les Cours de Versailles, de Madrid & de Naples.

N'est-ce pas cette même dureté de la Cour de Vienne, qui a obligé le Roy des deux Siciles à joindre ses forces à celles d'Espagne ? Vous le sçavez, Monsieur, & toute l'Europe en est témoin; avec quelle scrupuleuse fidélité ce Prince n'a-t'il pas observé pendant un tems la plus exacte neutralité ? Il avoit refusé constamment de prêter du secours à l'Armée Espagnole ; & cependant quelle situation plus triste que celle où elle se trouvoit ? Bien inférieure à celle des ennemis, tout ce qu'elle pouvoit faire, c'étoit de se tenir sur la défensive ; encore étoit-elle forcée de changer souvent de position pour se souftraire à la nécessité de combattre. Après bien des mouvemens, elle se voit contrainte pour se mettre à couvert des poursuites des Autrichiens, de chercher un azile dans les Etats du Roy des deux Siciles. Ny auroit-il pas eu de la barbarie à exiger de ce Prince, qu'il fermât l'entrée de ses Etats aux Troupes du Roy son pere ?

Et voilà cependant ce que prétendoit la Cour de Vienne ; & comme si Sa Majesté Sicilienne avoit violé la neutralité dont elle étoit convenue, la Reine de Hongrie donne ordre à ses Troupes de se jetter dans le Royaume de Naples, d'attaquer indifféremment les Espagnols & les Napolitains, & de n'épargner aucune des hostilités que la guerre autorise. De pareils ordres paroîtront sans doute surprenans ; mais devoit-on s'attendre que la Cour de Vienne voulût ménager un Prince qu'elle se proposoit de dépouiller de ses Etats ; ce qu'elle esperoit d'exécuter avec d'autant plus de facilité, qu'elle ne doutoit pas que les Napolitains ne fuſſent diſpoſés à ſaiſir avec avidité la premiere occaſion qui ſe préſenteroit de ſe révolter. Mais qu'il s'en falloit bien que ces Peuples fuſſent dans de pareilles diſpoſitions ! Par les marques ſingulieres qu'ils ont données de leur fidélité & de leur amour pour leur Prince, par les efforts extraordinaires qu'ils ont faits pour fournir aux frais de la guerre, on doit juger s'ils regrettent l'ancienne domination de la Maiſon d'Autriche.

Je paſſe aux Etats deſtinés à former le nouveau Royaume de Lombardie. Je ne parlerai point ici, Monsieur, des droits que l'Espagne a sur ces Etats, parce que je me propose d'en faire le sujet d'une Lettre particuliere ; & sans doute ne me sera-t'il pas bien difficile de démontrer que ces droits ne sont pas moins incontestables que ceux de la Maison de Baviere à la succession Autrichienne. Dans cette supposition, examinons s'il est de l'interêt de la Lombardie qu'elle reprenne sa premiere forme de gouvernement, & qu'elle passe sous la domination d'un Prince de la Maison d'Espagne. Pour décider cette question avec une certitude qui ne laisse aucun doute dans l'esprit, rappellons-nous lons-nous quel a été le fort de la Lombardie pendant qu'elle a été fous la puiffance des Empereurs de la Maifon d'Autriche, & nous confidererons enfuite ce que cet ancien Royaume peut fe promettre, & ce qu'il obtiendra infailliblement du changement de domination dont je viens de parler.

Vous n'ignorez pas, Monfieur, quel eft l'époque de l'aggrandiffement de la Maifon d'Autriche. Se feroit-on imaginé que quelques fiecles euffent pû lui fuffire pour s'élever à ce haut degré de puiffance où elle eft parvenue? Mais cette furprenante élévation, je ne crains pas de le répeter, ne la doit-elle pas à une multitude d'usurpations dont la plûpart ont été suivies ou précedées par des guerres sanglantes, & presque toujours la Lombardie n'en a-t-elle pas été le théâtre, & ordinairement la victime?

Ce Royaume étoit-il attaqué? combien de tems ne se passoit-il pas avant qu'on l'eût mis en état d'arrêter les progrès de l'Ennemi? Combien de Villes qui étoient tombées sous la puissance du Vainqueur, avant même que la Cour de Vienne eût songé à prendre des mesures efficaces pour arracher le reste du Royaume au péril qui le menaçoit : ce n'est pas qu'elle ne représentât vivement la grandeur du danger ; mais comme il ne s'agissoit souvent que des intérêts particuliers de la Maison d'Autriche, il falloit avoir fait jouer bien des ressorts avant que les Electeurs, Princes & Etats de l'Empire se fussent déterminés à épouser une querelle qui leur étoit étrangere ; & de-là venoit la lenteur des secours que l'on faisoit passer en Italie : ajoutons que ces secours étoient rarement assez puissans pour être opposés avec succès aux forces de l'Ennemi.

Mais voici, Monsieur, ce qu'il y avoit de plus déplorable pour la Lombardie; c'est que lors même que la paix lui étoit rendue, elle n'en jouiſſoit pas pour cela d'un ſort plus heureux. Et en effet, que n'avoit-elle pas à ſouffrir de la tyrannie des Gouverneurs Autrichiens ? Obligée de s'appauvrir pour contenter leur inſatiable cupidité, ou pour ſubvenir aux taxes exceſſives qui lui étoient impoſées, elle ſe trouvoit à peu près dans le même cas que les Pays Bas Autrichiens, c'eſt-à-dire autant épuiſée d'argent ; & ce qui perpétuoit la miſere de ce Royaume, c'eſt que l'argent qui en étoit tiré n'y reparoiſſoit plus. Si du moins la Cour de Vienne en eût employé une partie à l'entretien d'un nombreux Corps de Troupes, qui, en veillant à la défense du Pays, y eût en même tems répandu une certaine abondance ; mais rien de tout cela ; les besoins trop multipliés, & sans cesse renaissans de la Maison d'Autriche, ne lui permettent pas de toujours consulter ce qui s'accorderoit le plus avec l'intérêt particulier des Peuples qui sont sous sa domination.

Examinons à présent, Monsieur, quelle sera la destinée de la Lombardie, lorsqu'un changement de domination l'aura fait passer sous la puissance d'un nouveau Maître. Ne pouvons nous pas en juger par comparaison, avec l'état floriſſant où ſe trouve le Royaume de Naples & de Sicile, depuis qu'il eſt rentré ſous la domination de ſes légitimes Souverains ?

Quel ſort plus digne d'envie que celui dont jouiſſent les Napolitains ? Gouvernés par un Prince qui ſemble ne reconnoître d'autre félicité que celle de travailler à aſſurer le bonheur de ſes Sujets, ils n'ont de vœux à former que pour ſa conſervation. Leurs richeſſes, loin de paſſer en des mains étrangeres, ſont augmentées par celles de l'Eſpagne ; l'argent circule, le Commerce & les Arts fleuriſſent, l'abondance regne ; plus de révolutions, plus d'allarmes, plus de dangers à craindre ; la préfence & la vigilance du Souverain, affurent la tranquillité publique. Toutes les places du Royaume fe trouvent pourvûes de tout ce qui eft néceffaire pour leur défenfe : les côtes font gardées de façon à ôter à l'Ennemi l'envie de s'y préfenter.

Tel fera le fort de la Lombardie, gouvernée par un Prince doué de toutes les vertus qui forment les grands Rois ; elle jouira d'une paix d'autant plus durable, qu'à en juger felon les apparences, la Maifon d'Autriche ne fera pas fi-tôt en état de troubler le repos de l'Italie ; & quel danger n'y auroit-il pas pour elle d'attaquer un jeune Monarque, uni par les liens du sang aux Puissances les plus formidables de l'Europe, & qui toutes s'empresseroient à le secourir de toutes leurs forces !

Un autre avantage que la Lombardie peut se promettre avec assurance, c'est que le Prince qui la gouvernera, sera non-seulement porté par son inclination, mais qu'il sera même engagé par son propre intérêt, à ne s'occuper que des moyens les plus propres à se concilier l'amour & la tendresse de ses nouveaux Sujets ; & ne lui sera-t'il pas facile de les rendre heureux ?

Pour foutenir la dignité du Trône, pour fubvenir aux befoins de l'Etat, il ne fera pas néceffaire qu'il furcharge fes Peuples d'impôts : Ce fera au contraire en leur remettant une partie des fubfides exorbitans que l'on exigeoit d'eux auparavant, & qu'ils ne pouvoient payer fans s'appauvrir, qu'il s'enrichira en enrichiffant fes Sujets, car n'eft-il pas certain qu'un Prince n'eft riche qu'à proportion de l'abondance qui regne parmi les Peuples qu'il gouverne ?

Un troifiéme avantage pour

la Lombardie non moins précieux que les deux premiers, c'est qu'outre qu'elle ne sera plus exposée à être le théâtre de la guerre, aussi souvent qu'elle l'étoit ; outre qu'elle ne sera plus épuisée par des tributs excessifs, c'est que les modiques subsides qu'elle payera seront employés tous entiers à ce qui pourra le plus contribuer à l'accroissement de ses forces & à sa prospérité. L'argent n'étant plus transporté hors du Pays, circulera dans les Provinces ; le commerce se rétablira ; les Arts seront cultivés avec succès ; l'amour du travail excité par l'émulation, & secondé par l'induſtrie, ramenera l'abondance.

Mais voici, Monſieur, le point le plus intéreſſant pour la Lombardie, c'eſt que les Etats qui formeront ce Royaume, raſſemblés ſous les yeux du Souverain, ſeront à ſon égard comme une famille particuliere qu'il lui ſera aiſée de gouverner par lui-même, au lieu que ces mêmes Etats n'étoient auparavant regardés que comme des Membres ſéparés de leur Chef. L'unique correſpondance qui étoit entre eux, c'eſt qu'ils s'épuiſoient pour fournir aux beſoins du Chef, tandis qu'ils n'en recevoient qu'une foible aſſiſtance.

Que la Lombardie change de domination, ce ne sera plus dèslors la même forme de Gouvernement, plus de lenteur, plus de prévarication dans l'administration de la justice; plus de vexation, plus de concussion, plus de violence de la part des Gouverneurs. Autant de désordres que la présence du Souverain fera cesser. Sa vigilance s'étendra sur tout ce qui pourra servir à accroître la félicité de ses Sujets. Gouvernés par un Prince qui fera regner avec lui l'équité, la modération, & la clémence, & qui, à l'exemple de son Auguste Beaupere, préferera toûjours le titre de Roi bien aimé à celui de Roi Conquérant, ils le verront au milieu d'eux, ne s'occuper que du foin de les rendre heureux.

Mais c'en eft affez pour prouver combien la Lombardie eft intéreffée à ce qu'elle reprenne fa premiere forme de gouvernement. Je paffe à un autre point non moins effentiel que celui que je viens de déveloper.

Rappellez-vous, Monfieur, ce que j'ai eu l'honneur de vous écrire dans ma premiere Lettre au fujet de l'Equilibre de l'Empire. J'ai dit que cet Equilibre qui confifte en une certaine proportion de puiffance entre le Chef & les Membres, & qui a fait pendant bien des siécles le repos & la tranquillité de l'Allemagne, n'y avoit plus été connu, depuis que la Maison d'Autriche s'étoit frayé un chemin à la suprême Puissance; & de-là sont venues la plûpart des guerres qui ont désolé l'Empire: & n'en a-t-il pas été de même de l'Italie ?

Nous avons vû les Empereurs de la Maison d'Autriche y exercer une autorité despotique, y traiter en Vassaux des Princes Souverains, y disposer à leur gré des Etats même sur lesquels ils n'avoient aucun droit, tantôt en se les appropriant, & tantôt en les adjugeant à ceux d'entre leurs Partisans qu'ils sçavoient être le plus livrés à leurs intérêts particuliers. Fiers de leur puissance, qui leur permettoit de tout oser, & qui ne les metttoit que trop en état d'assurer, par la violence, le succès de leurs ambitieux projets, ils vouloient que tout pliât sous leur autorité. Opposoit-on la moindre résistance à leurs désirs, ou refusoit-on de les seconder dans les desseins que leur inspiroit l'intérêt particulier de leur famille ; on devoit dès-lors s'attendre à être tôt ou tard la victime de leur implacable vengeance. Ce même esprit de despotisme ne s'est-il pas perpétué dans la famille ?

Comment le Duc de Modene s'eſt-il expoſé au reſſentiment de la Cour de Vienne ? Quel eſt ſon crime ? Point d'autre que la neutralité que ce Prince vouloit garder. Ce n'en étoit pas aſſez que la République de Genes fût dans les mêmes diſpoſitions. A quel prix vouloit-on qu'elle achêtat la paix ? il falloit qu'elle ſouffrît patiemment qu'on lui enlevât une ancienne poſſeſſion qui faiſoit la ſûreté de ſes Etats.

J'ai déja rapporté comment la Cour de Vienne en a uſé à l'égard du Roi des deux Siciles. Que ce Prince ait recours à la voye des armes, pour ſe faire reſtituer le riche mobiliaire de

la

la maison de Medicis. La Maison d'Autriche ne sera-t'elle pas la premiere à crier à la violence & à l'injustice, comme si l'on ne devoit pas sçavoir que par un usage héréditaire dans cette Maison, elle s'est toujours crue autorisée à s'approprier tout ce qui se trouvoit être à sa bienséance?

Je reviens au point que je me suis proposé d'établir; si l'ambition ou la trop grande puissance de la Maison d'Autriche a troublé durant bien des siécles le repos de l'Italie, il est donc de l'intérêt, non seulement de la Lombardie, mais de l'Italie toute entiere, de secouer le joug qui l'opprimoit. L'Italie doit donc, comme l'Empire s'efforcer d'établir un Equilibre à qui elle soit redevable de sa tranquillité. Mais quel sera cet Equilibre, & comment le rendre durable ? Le voici, Monsieur, & je me flatte que votre sentiment ne sera pas différent du mien.

Supposons le Trône de Lombardie occupé par l'Auguste Prince à qui il appartient par droit d'héritage. Je dis que l'Equilibre de l'Italie consistera en une certaine égalité de Puissance qui se trouvera entre ce nouveau Monarque & les Rois de Sardaigne & de Naples. Ces trois Princes étant également intéressés à ne pas permettre que l'un entreprenne de s'aggrandir au préjudice de l'autre, l'Italie ne sera plus dès-lors exposée à ces fréquentes révolutions qui troubloient si souvent son repos.

Les Princes & États d'Italie, sûrs d'être puissamment secourus, s'ils venoient à être attaqués, n'auront plus à craindre qu'une Puissance formidable à qui ils n'osoient résister, donne de nouvelles atteintes à leur souveraineté.

Mais pour que vous soyez bien persuadé, Monsieur, que dans tout ce que j'avance, je ne considere que les seuls intérêts de l'Italie, & non les intérêts particuliers de l'Espagne ou de la France : Je dis que pour le maintien de l'Equilibre, dont je viens de parler, il n'y a rien que les Princes & Etats d'Italie ne dussent entreprendre pour empêcher que les Couronnes de Lombardie & de Naples ne fussent un jour réunies sur une même tête; parce qu'il y auroit peut-être alors sujet d'appréhender que l'Italie ne rentrât dans la même servitude où elle étoit sous la domination de la Maison d'Autriche. Je compare en quelque façon les Etats de l'Italie à ceux de l'Empire. Un Prince revêtu d'une trop grande puissance, n'est gueres moins à craindre pour les uns que pour les autres: qu'il y ait un Chef, à la bonne heure; mais s'il eft affez puiffant pour fecourir les Membres, qu'il ne le foit pas affez pour les écrafer.

Après avoir confidéré les intérêts de la Lombardie en particulier, & ceux de l'Italie en général, n'examinons plus que les feuls intérêts du Roy de Sardaigne. J'avoue que la propofition que je vais avancer a tout l'air d'un paradoxe ; mais en eft-elle pour cela moins vraie ? vous en jugerez, Monfieur, lorfque j'aurai dévelopé les raifons qui doivent fervir à la prouver.

Je dis donc que l'établiffement d'un nouveau Royaume de Lombardie, n'offre rien qui soit opposé aux véritables intérêts du Roy de Sardaigne. Je ne craindrai pas même d'ajouter que ce Prince, pour la plus grande tranquillité de ses Etats, doit désirer que la Lombardie passe de la domination Autrichienne sous celle d'un Prince de la Maison d'Espagne. Venons à la preuve.

Depuis que la Lombardie est tombée sous la puissance des Empereurs de la Maison d'Autriche, mille fois ce Royaume n'a-t il pas été en proye aux fureurs de la guerre, & autant de fois la Savoye & le Piémont n'ont-ils pas eu le même fort ? Les Ducs de Savoye gagnés par les séduisantes promesses, ou intimidés par les menaces de la Cour de Vienne, entreprenoient-ils de fermer l'entrée de leurs Provinces aux Armées Ennemies ; c'étoit presque toujours sur eux seuls que tomboient les premiers coups ; car quand recevoient-ils les secours qui leur étoient promis ? Ce n'étoit ordinairement que lorsque le fer & le feu avoient ruiné une partie de leurs Etats. Ils avoient beau se plaindre de cette lenteur, qui chaque jour leur devenoit plus funeste : Ils n'étoient écoutés que lorsque la Cour de Vienne avoit à craindre qu'ils ne se détachassent de son alliance. Mais quels si grands avantages ces Princes ont-ils retirés de leur attachement aux intérêts de la Maison d'Autriche ? En ont-ils toujours été récompensés d'une façon qui répondît aux importans services qu'ils lui ont rendus ? Quel sujet au contraire, n'ont-ils pas eu de se récrier souvent contre l'ingratitude de cette Maison !

La Cour de Vienne trouvoit-elle quelque occasion de conclure à son avantage une Paix particuliére, hésitoit-elle d'en profiter, & dans les Traités

tés d'une Paix générale prenoit-elle autant de foin des intérêts de fes Alliés, que des fiens propres ?

Les Ducs de Savoye ont vû leurs plus fortes Places démolies, plufieurs de leurs Provinces ravagées, & prefque ruinées fans reffource. La maifon d'Autriche a-t-elle jamais fongé à les dédommager des pertes immenfes que la guerre leur avoit fait effuyer ? C'étoit beaucoup qu'elle leur fît reftituer les Places qui leur avoient été enlevées; encore leur en retenoit-on fouvent une partie : En a-t-il été de même lorfque ces Princes fe font attachés à la

France ? Que l'on nomme un seul Allié de cette Couronne qui n'en ait pas été généreusement secouru, ou dont elle ait négligé les intérêts ?

Je n'examinerai point si le Roi de Sardaigne a un vrai sujet de se plaindre du partage qui lui a été fait par le dernier Traité de Paix ; mais ne peut-on pas dire que pour avoir un peu trop écouté son ressentiment, il n'a pas assez consulté ce qui pouvoit lui être le plus avantageux ? Le Traité de Vorms, il est vrai, faisoit espérer à ce Prince un accroissement considérable pour ses Etats. Mais en coûtoit-il beaucoup à la Reine de Hongrie, de ceder des biens qui ne lui appartenoient pas ? Encore à quel prix les cedoit-elle ? Que l'on en juge par les dangers où le Roi de Sardaigne s'est exposé pour remplir les engagemens qu'il a contractés avec les Cours de Vienne & de Londres.

Mais achevons d'examiner quelle raison d'intérêt peut retenir ce Prince dans le parti qu'il a embrassé. Dira-t-on que la sureté & la tranquillité de ses Etats, exigent qu'il employe toutes ses forces, pour empêcher que la Lombardie ne passe sous la domination d'un Prince de la Maison d'Espagne ; & n'eſt-ce pas là au contraire un changement de domination que ce Prince devroit lui-même faciliter ? Car ſuppoſons que la Lombardie continue à demeurer ſous la puiſſance de la Maiſon d'Autriche ; quel ſera dès lors le ſort de la Savoye & du Piémont ? Que le paſſé nous ſerve de regle, pour juger de l'avenir. Ces Etats pourront-ils ſe promettre de jouir long-tems des douceurs de la Paix ?

Que de prétentions, ou réelles ou chimériques, que la Maiſon d'Autriche a à faire valoir ? Auſſi mette-elle bas les armes, ce n'eſt guéres que pour les reprendre bientôt après. Et pourquoi craindroit-elle d'entrer en guerre, vû la facilité qu'elle a eue de tout tems à trouver une foule d'Alliés, toujours difposés à s'épuifer en fa faveur ? C'eft donc à dire que les Etats du Roi de Sardaigne demeureroient comme auparavant, continuellement expofés à être inondés de troupes ennemies ; ce qui arriveroit autant de fois que la Maifon d'Autriche prendroit les armes, & qu'elle auroit engagé ce Prince dans fes intérêts.

Le repos de l'Italie, & par conféquent la tranquillité de la Savoye & du Piémont, ne fera donc assurée que lorsque la Lombardie aura repris sa premiére forme de Gouvernement, & que ce Royaume sera possedé par un Prince déja couronné par les vœux des Peuples. Intéressé à conserver la paix avec les Princes ses voisins ; qu'il sera bien éloigné de chercher à s'aggrandir à leurs dépens. Sûr d'une autre part d'être puissamment secouru & par la France & par l'Espagne, c'en sera assez pour ôter à la maison d'Autriche l'envie qu'elle pourroit avoir de former quelque entreprise sur les Etats de ce nouveau Monarque. Mais il doit de son côté ne pas songer à étendre ses Frontiéres par de nouvelles conquêtes. Pourquoi cela ? Parce que la crainte qu'il ne devînt trop puissant, armeroit infailliblement contre lui, non-seulement les Princes & Etats d'Italie, mais peut-être la France même, & voilà en particulier ce qui fera la sureté des Etats du Roi de Sardaigne.

Et que l'on ne dise pas que l'établissement d'un Royaume de Lombardie, mettra ce Prince dans la nécessité de dépendre de la France & de l'Espagne. Car dans la supposition que cette dépendance pût être aussi réelle qu'elle est imaginaire, seroit-elle autant onéreuse au Roi de Sardaigne, que l'étoit à ses Ancêtres cette espéce de sujétion, dans laquelle la Maison d'Autriche les retenoit. Leur intérêt particulier demandoit-il qu'ils accordassent à l'Armée de France un passage libre dans leurs Etats ? C'en étoit assez pour qu'ils fussent déclarés ennemis de l'Empereur & de l'Empire. Ils avoient beau protester qu'ils avoient résolu d'observer une exacte neutralité, les menaces de la Cour de Vienne les forçoient de prendre les armes, & elle ne leur permettoit de les mettre bas, que lorsqu'autant épuisée que ses Alliés, elle étoit elle-même hors d'état de continuer la guerre.

Mais le Roi de Sardaigne veut-il assurer la tranquillité de ses Etats ? Qui l'empêche de contracter une alliance étroite avec la France & l'Espagne ? Alliance qui lui procurera des secours & des avantages, qu'il est bien éloigné de pouvoir se promettre de son union avec la Maison d'Autriche : Et voilà, Monsieur, si vous me permettez de ne point vous déguiser ma pensée, le parti que devroit prendre notre République.

Et peut-on raisonnablement nous faire un crime de ce que nous commençons à ouvrir les yeux sur les malheurs qui nous menacent ? N'en est-ce pas trop que nous ayons satisfait au-delà de nos engagemens, sans vouloir encore que nous exposions nos Etats au risque d'une ruine entiére ? Mais ne devions-nous pas bien prévoir que les Cours de Vienne & de Londres, n'auroient garde de s'en tenir au prémier pas qu'elles nous avoient fait faire ? Il faut, si nous voulons leur complaire, que nous prenions sur nous le soin de pousser la guerre ; que nous nous engagions à en porter le plus grand poids ; & que sans craindre pour l'intérieur de nos Provinces, le renouvellement des mêmes horreurs de l'année mil six cens soixante & douze, nous nous déclarions les Ennemis d'une Puissance, qui, quoique victorieuse, ne cesse de nous témoigner le désir sincére qu'elle a de conserver la paix avec nous.

Mais si les Cours de Vienne & de Londres trouvent leur intérêt particulier dans la continuation d'une guerre, qui n'a pas, à beaucoup près pour elles, les succès qu'elles s'en promettoient ; la sureté & la tranquillité de nos Etats ne demandent-elles pas que nous ne prenions aucune part à cette même guerre ?

Ce sont-là, Monsieur, mes réflexions politiques. Apprenez-moi si elles vous paroissent justes. Dans la premiére Lettre que j'aurai l'honneur de vous écrire, j'examinerai laquelle des Cours de Vienne & de Londres est la plus intéressée à hâter la conclusion de la paix; & nous verrons ensuite laquelle de ces deux Cours s'opiniâtrera le plus à continuer la guerre. Je suis & serai toute ma vie avec la plus parfaite estime,

MONSIEUR,

Votre très-humble &
très-obéissant serviteur ***

A Paris ce 25 Mars.
1746.

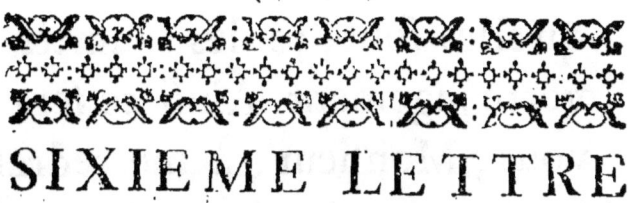

SIXIEME LETTRE
D'UN
SEIGNEUR HOLLANDOIS
A UN DE SES AMIS.
A LA HAYE.

Où l'on examine laquelle des Cours de Vienne & de Londres est la plus intéressée à hâter la conclusion de la Paix ; & tout ensemble laquelle de ces deux Cours s'opiniâtrera le plus à continuer la guerre.

MONSIEUR,

Je continue, puisque vous le souhaitez, à vous faire part de mes réflexions. Je n'oserois me flatter qu'elles soient toutes également justes ; mais telles qu'elles font, je les foumets à votre jugement. Ainfi ce fera à vous, Monfieur, à me redreffer, lorfque je viendrai à m'égarer.

Venons au point que je me fuis propofé de traiter dans cette Lettre. J'ai promis d'examiner laquelle des deux Cours de Vienne & de Londres eft la plus intéreffée à hâter la conclufion de la paix ; & j'ai ajouté que j'examinerois auffi laquelle de ces deux Cours s'opiniâtrera le plus à continuer la guerre. Je conviens que ce font-là deux queftions qui ne font affurément pas d'une difcuffion aifée ; mais vos lumieres, Monfieur, fuppléeront au défaut des miennes.

Pour répandre quelque clarté sur les idées que j'ai à déveloper, je dois commencer par distinguer les intérêts de la Nation Britannique d'avec ceux du Souverain. Je dois aussi, pour un plus grand éclaircissement, tâcher de démêler quels sont les intérêts du Roy d'Angleterre, consideré sous ce seul titre, & quels sont les intérêts de ce même Prince, consideré comme Electeur d'Hanovre.

Ce qui fait que les intérêts de la Nation Angloise ne sont pas à beaucoup près les mêmes que ceux du Souverain, c'est que le Gouvernement Britannique est bien différent d'un Gouvernement despotique. Dans le premier, l'autorité se trouve comme partagée entre le Roy & son Peuple; au lieu que dans le second, c'est le Roy seul qui posséde l'autorité toute entiere, & cette autorité est si absolue & si universelle, que les Loix mêmes ne peuvent la restreindre; puisque le droit d'établir de nouvelles Loix, d'abroger ou de changer les anciennes, n'appartient qu'au seul Souverain.

Les Rois d'Angleterre, soumis ainsi que leurs Sujets, aux Loix établies par la Nation, voyent leur autorité bornée

née au seul droit de ne pas attendre le consentement du Peuple pour faire la paix ou la guerre ; encore cette autorité se trouve-t'elle limitée par le pouvoir qu'a la Nation, de régler elle-même les subsides qu'elle juge être nécessaires pour fournir aux frais de la guerre. C'est cependant de la conservation de ce droit, tout limité qu'il est, que les Rois de la Grande Bretagne se sont en tout tems montrés le plus jaloux : aussi ne peut-on nier qu'il ne leur assure les avantages les plus considérables ; car se sont-ils, par exemple, déterminé à faire prendre les armes à la Nation ? Quelle facilité la guerre ne leur donne-t'elle pas de groſſir le nombre de leurs Partiſans, vû la multitude des Charges & des Dignités militaires qui ſont en leur diſpoſition ; qui les empêche d'accroître leurs tréſors de ceux de l'Etat ? (Combien de ſubſides, qui ſouvent ſont deſtinés par le Prince à un tout autre uſage qu'à celui pour lequel la Nation les accorde,) dirai-je que les Troupes que l'on leve en Angleterre, ou que l'Angleterre prend à ſa ſolde, ſont quelquefois bien plus pour la défenſe perſonnelle du Roi, que pour celui du Royaume ?

De-là vient que jamais l'autorité des Rois de la Grande Bretagne n'est plus absolue, que lorsque le feu de la guerre est le plus allumé. Mais ce que je ne dois pas oublier, c'est que c'est la guerre qui fait cesser, ou du moins qui suspend pour un tems ces émeutes & ces cabales, avant-coureurs ordinaires des révolutions si fréquentes en Angleterre.

Un Peuple d'un génie aussi vif & aussi remuant que l'est la Nation Angloise, demande à être tenu dans le mouvement & dans l'action. Lui présenter des objets qui l'occupent toute entiere, c'est la dérober à la tentation & à l'occasion de se porter à des extrêmités dangereuses. De-là concluons, Monsieur, qu'il s'en faut bien que les intérêts du Peuple en Angleterre soient les mêmes que ceux du Souverain.

Mais pour ne point faire de digressions inutiles, n'examinons que les seuls intérêts de la Nation Angloise, par rapport à la guerre présente. Personne n'ignore quel a été le sujet des brouilleries survenues entre les Cours de Madrid & de Londres. La premiere exigeoit de la seconde le remboursement de plusieurs sommes considérables légitimement dûes, & elle demandoit encore que les Anglois ne favorisassent plus la contrebande, qui se faisoit depuis long-tems, & qui n'étoit guéres moins préjndiciable aux intérêts de la Nation Espagnole qu'à ceux du Souverain. Ces demandes, quoique justes, ne furent pas écoutées ; & voilà ce qui alluma la guerre entre les deux Cours.

Les Anglois enyvrés de leur prospérité, & comptant un peu trop sur la supériorité de leurs forces, se flatterent de l'espérance des plus heureux succès ; mais l'évenement ne répondit pas à leur attente : affoiblis par des pertes innombrables, qui se succédoient de près les unes aux autres, loin de redoubler leurs efforts contre le seul Ennemi qu'ils avoient à combattre, ils ne craignirent point de diviser leurs forces, & d'en faire passer la plus grande partie au secours de la Maison d'Autriche, dans l'esperance (comme je l'ai dit dans ma premiere Lettre,) que si la Reine de Hongrie venoit à mettre ses Ennemis dans la nécessité de demander la paix, cette paix ne se concluroit qu'aux conditions que la Cour de Londres régleroit elle-même. Mais est-ce-là une esperance dont l'Angleterre puisse à présent se flatter?

Qu'en pensez-vous, Monsieur? Ne vous paroît-il pas que le Ministére Britannique auroit dû un peu plus consulter les véritables intérêts de la Nation Angloise ? Si les sommes immenses qui ont été employées en faveur de la Maison d'Autriche, avoient été destinées à armer contre l'Espagne des flottes nombreuses, aurions-nous le chagrin de voir la Grande Bretagne exposée aux malheurs qui l'accablent de toutes parts ?

Une entiere décadence du commerce, une misere extrême répandue dans tout le Royaume, autant épuisé d'hommes que d'argent, des troubles, des cabales, des divisions funestes, présages d'une prochaine révolte ; fut il jamais pour l'Angleterre de crise plus violente que celle où elle se trouve ? Comment sauver les tristes débris de cette Armée formidable, qui se promettoit de pénétrer dans l'intérieur de la France, & de porter par tout la terreur & l'effroi ?

Je n'entrerai pas dans un plus grand détail ; ce que j'ai dit ne suffit que trop pour prouver qu'une paix prochaine est pour l'Angleterre d'une nécessité indispensable ; & combien ne s'écoulera-t'il pas d'années avant qu'elle ait pû réparer les pertes, que la guerre lui a fait essuyer ?

Je passe aux intérêts de Sa Majesté

Majesté Britannique, considerée sous le seul titre de Roi d'Angleterre. Le respect dû à l'Auguste dignité des Souverains, ne me permet pas d'examiner, si dans les engagemens que ce Prince a contractés avec la Cour de Vienne, il n'a eu en vuë que le bien & l'utilité de ses Sujets ; je veux que ces engagemens ayent été l'ouvrage d'une sage politique ; mais ils ont eu pour l'Angleterre les suites les plus funestes, & c'en est assez pour que la Nation soit dès-lors indisposée contre le Souverain, & qu'elle veuille le rendre comptable de tous les malheurs que la guerre a causés. Or est il facile d'appaiser un peuple guidé par la fureur, & toujours prêt à courir au changement?

Je n'examinerai point si l'on a pû dépouiller la Maison de Stuart des droits qu'elle prétend avoir à la Couronne ; mais ce qui est incontestable, c'est que les intérêts de cette Maison sont appuyés par un parti puissant ; & voilà ce qui doit redoubler les craintes de Sa Majesté Britannique. Car je suppose pour un moment que le fils aîné du Prince prétendant ait été reçu aux acclamations du peuple ; supposons encore que ce Prince promette, qu'en remontant sur le Trône de ses Peres, il terminera la guerre par une paix également honorable & avantageuse à la Nation Angloife ; qu'il s'engage avec ferment de ne rien changer, ni à la forme du Gouvernement, ni à l'exercice de la Religion ; qu'il déclare que fon intention eft de conferver à la Nation tous fes droits, & tous fes priviléges, & même de lui en accorder de nouveaux, comme auffi de fupprimer tous les impôts qui feroient trop à charge au peuple ; Croyez-vous, Monfieur, que des promeffes fi flatteufes ne feroient aucune impreffion fur les efprits ? Difons au contraire qu'elles feroient d'autant plus efficaces, qu'il n'y auroit aucun sujet d'appréhender, que le Prince qui les feroit, fût tenté de ne les pas garder, puisqu'il trouveroit son intérêt particulier à les effectuer. Car pourroit-il esperer de se maintenir sur le Trône, s'il lui prenoit envie de donner la moindre atteinte aux droits & à la liberté de la Nation, s'il s'avisoit de vouloir toucher à la Religion, s'il entreprenoit de changer, ou de réformer les Loix ?

Concluons donc, Monsieur, que Sa Majesté Britannique doit, & pour son intérêt particulier, & pour celui de la Nation Angloise, ne s'occuper que des moyens les plus propres à hâter la conclusion de la paix. La continuation de la guerre en redoublant, & le danger & les pertes ne serviroient qu'à aigrir toujours plus les esprits ; & qui ne sçait que la fermentation n'est déja que trop grande ?

L'Angletere affoiblie par des pertes infinies pourra-t'elle sans achever de s'épuiser, continuer à porter le poids de cette guerre ? Et quel en sera le succès ? Peut-on raisonnablement esperer que quelques années suffiront pour mettre la France & ses Alliés dans la nécessité de demander la paix ?

Mais admettons que ce cas

arrive. La Maison d'Autriche, qui n'a jamais acquitté & qui n'acquittera jamais les dettes que les dernieres Guerres lui ont fait contracter, remboursera-t'elle, pourra-t'elle même dans la suite des tems rembourser à l'Angleterre les sommes immenses qu'elle en a reçues, & dont une partie a peut-être été employée aux fastueux apprêts d'un Couronnement qui n'a pû se faire qu'au préjudice du repos & de la tranquillité de l'Empire? Quand l'Angleterre sera-t'elle mise en possession d'Ostende, de Nieuport, d'Anvers, & des autres Places de la Flandre, qui par un Traité secret devoient lui être données en ôtage ?

Il me reste à examiner quels sont les intérêts de Sa Majesté Britannique, en qualité d'Electeur d'Hanovre. Quel sera la destinée des Etats que ce Prince possède dans l'Empire ? Ces Etats enrichis depuis bien des années des tresors de la Grande Bretagne, ne seront-ils pas les premiers attaqués avec d'autant plus de fureur, que le Soldat animé par l'esperance d'un riche butin, ne craindra pas de braver les plus grands périls ?

De quelle conséquence cependant n'est-il pas pour Sa Majesté Britannique de pourvoir à la sureté des Etats qui ferment son Electorat ? Quelle seroit la ressource de ce Prince, si une révolution l'obligeoit de descendre du Trône !

Je ne sçais, Monsieur, si je me flatte ; mais je crois vous avoir suffisamment convaincu de l'intérêt particulier qu'a la Nation Angloise, aussi-bien que Sa Majesté Britannique, soit comme Roi d'Angleterre, soit comme Electeur d'Hanovre, à hâter la conclusion de la Paix. La Cour de Vienne est-elle dans le même cas que celle de Londres ? Vous en jugerez, Monsieur, par l'examen que je vais faire.

Il paroîtra sans doute surprenant que la Cour de Vienne se soit opiniâtrée si long-tems à rejetter les différentes propositions de paix qui lui ont été faites, & qui lui assuroient des avantages qu'elle ne peut plus se promettre ; mais ce n'étoit pas assez que la Reine de Hongrie fût maintenue, contre toute équité, dans la possession des Etats qui forment la succession Autrichienne ; le dessein en étoit pris ; l'on ne devoit mettre bas les armes, que lorsque la France humiliée & dépouillée de plusieurs riches Provinces, auroit été mise hors d'état de contrebalancer la puissance de la Maison d'Autriche.

(202)

La Cour de Vienne prévoyoit bien que c'étoit-là un projet qui n'étoit pas d'une exécution aifée ; mais fûre d'être fecourue par des Alliés puiffans, qui feuls fourniroient à tous les frais de la guerre, devoit-on s'attendre qu'elle fût difpofée à entrer dans des vûes pacifiques ? Il falloit pour qu'elle fe prêtât à quelque accommodement, qu'elle ne pût plus compter fur la continuation de ces mêmes fecours, qui lui étoient généreufement accordés ; & n'eft-ce pas là le cas où elle fe trouve ?

Notre République effrayée du danger qui la menace, ne fonge qu'à fe retirer du mauvais pas où elle s'est malheureusement engagée. En vain les Ministres des Cours de Vienne & de Londres s'épuisent en raisonnemens spécieux, pour nous persuader que nous ne devons plus balancer à rompre ouvertement avec la France. Et quel sujet de plaintes avons-nous contre cette Couronne ? Voudroit-on que sans espérance d'aucun avantage réel pour notre République, nous courussions tous les risques d'une guerre qui ne pourroit que nous être préjudiciable ?

Je ne répéterai point ici, Monsieur, ce que j'ai eu l'honneur de vous écrire dans ma quatriéme Lettre, au sujet de l'épuisement de l'Angleterre. Aux pertes immenses qu'a fait cette Couronne, soit par l'entiére décadence de son commerce, soit par les prises innombrables que l'Espagne a fait sur elle ; joignons encore ce qui lui en a coûté pour remplir les engagemens qu'elle a contractés avec les Cours de Vienne, de Dresde, & de Turin, & nous serons persuadés que les forces de l'Angleterre sont plus épuisées qu'elles ne le seroient après trente années consécutives d'une guerre non interrompue; & la raison en est évidente ; car n'est-ce pas l'Angleterre qui a fait presque seule tous les frais de la guerre présente ? Au lieu que dans les guerres précedentes, les dépenses se partageoient entre les différentes Puissances armées contre la France.

Or, si l'Angleterre n'est plus dans le pouvoir de continuer à la Reine de Hongrie & au Roi de Sardaigne, les mêmes secours qu'elle leur prêtoit ; si d'un autre côté, la Hollande intéressée plus que jamais à veiller à la sureté de ses Etats, est dans la ferme résolution de s'en tenir aux secours qu'elle se croit indispensablement obligée de fournir, & qui ne sont qu'une bien petite partie de ceux qu'elle accordoit : Je vous le demande, Monsieur, quelle sera la ressource de la Cour de Vienne?

La Maison d'Autriche compteroit-elle sur ses seules forces ? Que la puissance de cette Maison est bien diminuée : combien de Provinces que la guerre lui a enlevées ! Ce n'est pas des Etats qu'elle possede en Allemagne, qu'elle tire ses plus grandes richesses ; c'est la Flandre, cétoient les Royaumes de Naples & de Sicile ; qui chaque année lui fournissoient des sommes immenses : Ces puissans secours lui étant ôtés, il n'y aura donc plus que l'assistance de l'Empire qui puisse la mettre en état de continuer la guerre. Mais, encore une fois, fuppofons que le Couronnement du Grand Duc mette le comble aux vœux de la Maifon d'Autriche, l'Empire fera-t'il plus en faveur de ce Prince, qu'il n'a fait en faveur du feu Empereur? Et pourquoi les intérêts de la Maifon d'Autriche feroient-ils plus chers à l'Empire, que ceux de la Maifon de Baviere?

Sera-ce l'Electeur Palatin qui appuyera les intérêts de la Maifon d'Autriche? Comment en a-t'il été traité? Que l'Electeur de Saxe, que le Landgrave de Heffe, que bien d'autres Princes de l'Empire, parcourent les

Annales particulieres de leurs Maisons, qu'y découvriront-ils? Des violences, des injustices que leurs Ancêtres ont eu à essuyer de la part des Empereurs Autrichiens. Et n'en est-il pas de même des Villes & Etats libres de l'Allemagne ? Que d'atteintes données à leurs Privileges & à leurs Droits !

Mais je veux que l'Empire oubliant ce qu'il doit à sa sureté & à son repos, & que confondant ses intérêts qui lui sont étrangers, il se détermine à redoubler ses efforts en faveur d'une Maison, dont l'ambition l'a si souvent exposé aux plus grands périls ; ces efforts extraordinaires de de l'Empire, feront-ils fupérieurs à ceux que fera la France? Accordons à l'Empire une nouvelle Armée de cent mille combattans. Je ne parlerai point des obftacles qui s'oppoferont à la levée d'une Armée fi nombreufe; de même que je n'examine pas aux dépens de qui elle feroit entretenue. Que la France contente des rapides Conquêtes qu'elle a faites dans les Pays Bas, s'y tienne fur la défenfive; ne lui fera-t'il pas facile de faire paffer en Allemagne des forces bien fupérieures à celles de l'Empire?

Que fera-ce fi cette Couronne fait une augmentation confidérable dans ses Troupes ? Le Royaume sera-t'il pour cela épuisé ? Pour juger de sa force, il n'y a qu'à se rappeller les longues Guerres qu'il a eu à soutenir, & qu'il a soutenu presque contre l'Europe. Mais ce qu'il y a de plus avantageux pour la France, c'est son union avec des Alliés non moins intéressés qu'elle, à mettre des bornes à la puissance de la Maison d'Autriche. Et c'est ce lien d'un commun intérêt qui fait a force de cette union, & qui la rendra indissoluble.

Souffrez, Monsieur, que je fasse une courte récapitulation de tout ce que j'ai avancé dans la seconde partie de cettre Lettre. Si j'ai démontré que la Cour de Vienne ne peut plus se promettre la continuation des mêmes secours que lui prêtoient ses Alliés, ou parce qu'ils sont dans l'impuissance, ou parce qu'ils ne sont plus dans la volonté de les lui continuer : S'il est évident que la Reine de Hongrie ne peut pas compter sur ses seules forces, en supposant enfin, que l'Empire armât en faveur du nouvel Empereur ? S'il est vrai que les forces réunies de l'Empire, ne pourroient tenir contre celles de la France, & des Alliés de cette Couronne : De tout cela ne devons-nous pas conclure, qu'il en est à peu près de la Cour de Vienne comme de celle de Londres? je veux dire que l'une n'est gueres moins intéressée que l'autre à avancer l'ouvrage de la Paix : mais laquelle de ces deux Cours s'opiniâtrera le plus à continuer la Guerre ? Je pourrois répondre qu'il n'y a que l'avenir qui puisse nous l'apprendre; mais qu'il me soit permis en attendant de hasarder les conjectures suivantes.

L'épuisement de l'Angleterre, la crainte d'une révolution prochaine en Irlande & en Ecosse, les périls qui menacent l'Electorat d'Hanovre ; mais plus que tout cela, les difpofitions pacifiques de la Hollande, ce font-là, Monfieur, autant de motifs trop puiffans, pour que la Cour de Londres diffère encore long-tems de rechercher les moyens de faire la Paix, puifque Sa Majefté Britannique, comme Roi d'Angleterre, & comme Electeur d'Hanovre, n'eft pas moins intéreffée à la défirer, que la Nation Angloife.

Ainfi, je dis, Monfieur, & je ne crains pas de me tromper, que ce fera la Cour de Vienne qui oppofera le plus d'obftacles à la conclufion de la Paix. Le Miniftére Autrichien intéressé à la prolongation de la Guerre, ne commencera à vouloir entendre parler d'accommodemens, que lorsque toute espérance de secours sera ôtée à la Reine de Hongrie; ne lui restât-il qu'un seul Allié assez généreux pour s'épuiser en sa faveur, c'en sera assez pour que la guerre continue. A quoi aboutira la puissante assistance que la Maison d'Autriche se promet vainement de l'Empire ? Comment se termineront tant de Négociations que la Cour de Vienne a inutilement entamées, & qu'elle continue sans succès dans les différentes Cours du

Nord ? Ce font-là autant de points dont le Miniftére Autrichien voudra voir la décifion, avant que de fonger à traiter de Paix ; & qui fçait fi pour la faire avec plus d'avantage, la Maifon d'Autriche n'attend pas le renouvellement de cette efpece de miracle ; lequel fi on l'en croit, l'a fi fouvent fauvée, lorfqu'elle touchoit de près à une ruine qui paroiffoit inévitable ?

Je fouhaite, Monfieur, que l'avenir ne vérifie pas mes prédictions ; mais ce qui fait notre commune confolation, c'eft que le zéle de notre République pour le rétabliffement de la Paix, est trop marqué, pour que l'on craigne qu'elle veuille prendre part à la continuation de la Guerre.

Je me propose d'examiner dans la premiere Lettre que j'aurai l'honneur de vous écrire, quelles pourront être pour l'Empire, pour la Maison d'Autriche, & les Alliés de cette Maison, les suites de l'Election du nouvel Empereur. Je suis avec une respectueuse estime, MONSIEUR,

Votre très-humble & très-obéissant serviteur ***.

A Paris ce 10 Avril 1746.

LETTRE

SEPTIEME LETTRE
D'UN
SEIGNEUR HOLLANDOIS
A UN DE SES AMIS.
A LA HAYE.

Sur les différens intérêts des Electeurs, Princes & Etats de l'Empire par rapport à la Guerre présente.

MONSIEUR,

Je m'en étois bien douté, que la nouvelle de l'Election du Grand Duc en qualité de Chef de l'Empire, répandroit dans nos Provinces une joye universelle. Je souhaite de tout mon cœur, que cette Election ait pour notre République les suites heureuses que s'en promettent la plûpart de nos Compatriotes. Mais ne seront-ils pas trompés dans leurs espérances ? Trop occupé de ce que le présent paroît offrir de flateur, on néglige de porter ses vûes dans l'avenir, & de-là souvent il nous arrive de nous réjouir des évenemens mêmes destinés à être pour nous la cause des plus grands malheurs.

Ce n'est pas que je craigne que notre République toujours sage dans ses délibérations soit disposée à prendre de nouveaux engagemens contraires à ses véritables intérêts ; & peut-elle trop se tenir en garde contre les sollicitations, & les artifices que la politique intéressée de ses Alliés, mettra en œuvre pour lui faire partager de nouveaux périls, plus grands encore que ceux où elle a été jusqu'à présent exposée ? & ces périls seront une suite de cette même Election, qui semble ne rien laisser à désirer à la Maison d'Autriche, & qui paroît en même-tems si propre à relever les espérances des Alliés de cette Maison. Mais est-il bien certain que cette Election sera suivie des avantages que la

T ij

Cour de Vienne s'en promet ?

Avant de décider cette question, qu'il me soit permis de faire quelques Réflexions sur les intérêts du Corps Germanique. Seroit-il persuadé que dans les circonstances présentes, ses intérêts dussent être confondus avec ceux du Chef de l'Empire ? Qu'il s'en faut bien que ce soit-là une régle qu'il ait toujours suivie !

Si les intérêts du Corps Germanique & ceux du Chef de l'Empire étoient les mêmes, d'où vient donc que l'Empire n'a pas armé en faveur du feu Empereur ? Pouvoit-on contester la légitimité de son Election, & en est-il de même de celle du nouvel Empereur ? Peut-on nier que cette Election ne soit l'ouvrage des séductions & des promesses, des violences & des menaces de la Cour de Vienne ? Comment a-t-elle assuré le succès de ses projets ? Par une transgression manifeste de plusieurs Constitutions expressément renfermées dans la Bulle d'Or ; & ne se prépare-t-elle pas encore à donner de nouvelles atteintes à cette même Bulle, par l'érection d'un dixiéme Electorat ?

Nous pouvons nous rappeller ce qui s'est passé sous le Regne des Empereurs Léopold &

Joseph. Les Diettes de l'Empire s'opposerent pendant bien des années à l'érection d'un neuviéme Electorat, en faveur de la Maison d'Hanovre. Mais, oppositions inutiles ; l'autorité suprême des Diettes se vit obligée de plier sous celle des Empereurs de la Maison d'Autriche.

Je ne sçais, Monsieur, si vous pensez comme moi ; mais je vous avoue que ce ne seroit pas sans une surprise extrême que je verrois l'Empire armer en faveur d'une Maison, qui, pendant plusieurs siécles a enchaîné la liberté du Corps Germanique ; qui, fiére de sa puissance a retenu les Princes

& États de l'Empire dans une espece de sujettion, qui tenoit de l'esclavage ; qui, toujours guidée par son ambition, & par son intérêt particulier, a mille fois entraîné l'Empire dans de longues & cruelles Guerres.

L'Empire auroit-il les mêmes plaintes à former contre les Princes de la Maison de Baviere, qui ont été placés sur le Trône Impérial ! ne citons pour exemple que le feu Empereur. Pendant le peu d'années qu'il a regné, quel usage a-t-il fait de son autorité ? Ne l'a-t-il pas fait constamment servir au bien de l'Empire ? A quel prix vouloit-il rendre le repos & la tranquillité à l'Allemagne, au préjudice même de ses plus chers intérêts, & de ceux de sa Maison ? Peu content de vouloir que la Diette de l'Empire décidât de ses Droits à la Succession Autrichienne, par une générosité dont son amour pour la Patrie étoit le principal motif, cent fois ne s'est-il pas montré disposé à renoncer à ces mêmes Droits, quelques incontestables qu'ils fussent ; & pour ne laisser aucun doute, qu'il ne dépendoit pas de lui que la Paix ne fut rétablie en Allemagne, a-til hésité de se prêter à la Neutralité qui lui étoit propofée par des Puiſſances Médiatrices ? Ne s'eſt-il pas volontairement privé des ſecours puiſſans que lui donnoient ſes Alliés ? N'a-t-il pas même obtenu que la France rappellât les Troupes nombreuſes qu'elle avoit dans l'Empire ? Si ces Troupes ont été à charge à quelques Etats, qu'eſt-ce en comparaiſon de ce que les Cercles de Suabe, de Franconie, & du Rhin, ont eu à ſouffrir de la fureur & de la licence des Troupes Autrichiennes ? Il n'y a pour en juger qu'à jetter les yeux ſur le Mémoire que ces différens Cercles ont adreſſé à la Diette d'Ulm.

Mais supposons que rien de tout cela ne soit capable de refroidir le zéle de l'Empire pour les intérêts de la Maison d'Autriche. Que produira un zéle si extraordinaire ? Ce Contingent promis si généreusement qui le fournira ? Comment sera-t-il fourni ? Sera-t-il fourni constamment ? Et ce qui est encore plus incertain, & ce qu'il est cependant à propos de sçavoir, c'est si ce Contingent peut assurer à la Maison d'Autriche la réussite de ses vastes projets ?

Voilà, comme vous voyez, Monsieur, bien des Questions que je me propose d'examiner. Pour le faire avec ordre, commençons par la premiére. Ce Contingent promis par l'Empire, qui le fournira ?

La Cour de Vienne espéreroit - elle que Sa Majesté Prussienne connût assez peu ses propres intérêts, pour qu'elle fût disposée à joindre ses forces à celles d'une Ligue, que je suppose pouvant se former en faveur de la Maison d'Autriche ? & qui ne sçait que l'intérêt essentiel de ce Prince, est de mettre la Maison d'Autriche hors d'état de lui enlever les Provinces qu'elle lui a cédées, & qu'il ne pourroit espérer de conserver long-tems, s'il arrivoit que le sort des armes devînt favorable à cette Maison ?

Vous n'avez pas oublié, Monsieur, ce que j'ai eu l'honneur de vous écrire dans ma précédente Lettre, au sujet des intérêts de l'Electeur Palatin. Vous fçavez auſſi bien que moi tout ce que ce Prince a eu à eſſuyer de la fierté & de la hauteur de la Cour de Vienne; les violences qui lui ont été faites pour arracher ſon Suffrage. N'avons-nous pas vû les Troupes Autrichiennes ruiner les Etats de ce Prince par des Contributions exorbitantes, & y porter par tout la déſolation & le ravage? Qu'en penſez-vous, Monſieur, une pareille conduite de la part de la Maiſon d'Autriche, eſt-elle bien propre à prouver qu'elle n'a en vuë que le rétablissement du repos de l'Empire ? Si ses intérêts ne lui avoient été plus chers que ceux du Corps Germanique, auroit-elle fait jouer tant de ressorts ? Séduction, promesses, menaces, auroit-elle mis tout en œuvre pour élever sur le Trône un Prince qui en étoit exclus par les Loix mêmes de l'Empire ?

Je passe aux intérêts des Electeurs de Cologne & de Baviére; quand le premier oublieroit que la Maison d'Autriche retient contre toute équité, une riche Succession qui appartient toute entiére à la Maison de Baviére, pourroit-il jamais oublier les outrages fanglans faits par la Cour de Vienne à la Dignité Impériale, dans la Perfonne du feu Empereur ? Eſt-il de même poſſible que le tems efface de fon eſprit, le fouvenir de tout ce que la France a fait en faveur de fa Maifon ? Si lors même que tout fembloit devoir engager ce Prince à unir fes forces à celles du feu Empereur fon Frere, il a cru cependant devoir s'en tenir à une exacte Neutralité : Quelle apparence y a-t-il que ce Prince oubliant ce qu'il doit à fa propre gloire, & à l'honneur de fa Maifon, il fe départe de cette Neutralité, pour appuyer les intérêts du nouvel Empereur. Je vous en fais juge; Monsieur : si un pareil cas arrivoit, croyez-vous que les Partisans même les plus zélés de la Maison d'Autriche, pussent s'empêcher de blâmer secrettement un procedé si extraordinaire ?

Les mêmes raisons, & de plus fortes encore, sont trop puissantes, pour permettre que Son Altesse Electorale de Baviére délibere sur le parti qu'elle a à prendre. Ce Prince n'a pour se décider, qu'à se rappeller ce qui s'est passé sous le Regne de son Auguste Pere, & qu'à écouter la voix du sang, & le cris de ses

Sujets. Que si ce n'en est pas assez pour lui faire juger de la satisfaction que sa gloire veut qu'il exige, que parcourant lui-même ses Etats, il ne s'en fie qu'au rapport de ses yeux ; de quelque côté qu'il tourne ses regards, par tout ne découvrira-t'il pas des traces encore récentes de la barbare fureur des Troupes Autrichiennes ?

Or, que penseroit l'Univers, s'il voyoit ce Prince unir ses forces à celles d'une Maison qui n'a rien oublié pour ruiner entiérement la sienne ? Seroit-ce la nécessité qui pourroit justifier un changement si surprenant ? Eh ! quoi donc, la France

&

& les Alliés de cette Couronne seroient-ils affoiblis au point que l'Electeur de Baviere ne pût s'en promettre aucun secours? Et quel si grand avantage ce Prince peut-il espérer de la Cour de Vienne? Cette Cour se déterminera-t'elle à lui céder une partie de la Succession qu'elle s'est appropriée, & dont elle ne peut retenir la plus petite portion, sans une injustice manifeste? Si ce Prince ne croit pas devoir employer la voye des Armes pour soutenir ses Droits, son honneur n'exige t'il pas qu'il demande avant toutes choses, qu'une Diette de l'Empire décide de ses prétentions?

Venons à la seconde Question que je me suis proposé d'examiner : ce Contingent promis par l'Empire, comment sera-t'il fourni ? C'est par le passé que nous pouvons juger de l'avenir.

Nous avons vû l'Empire engagé dans des Guerres que l'intérêt de sa propre gloire, autant que celui de son salut, l'obligeoit de pousser avec vigueur ; & toujours la lenteur du Corps Germanique étoit la même. Le péril cependant croissoit, la crainte redoubloit, les pertes se multiplioient ; & de nouveaux délais, de nouvelles oppositions, de nouveaux obstacles, donnoient à l'Ennemi le tems de pousser plus loin ses avantages. Or est-il probable, que dans une Guerre où il ne s'agit aucunement des intérêts particuliers de l'Empire, le Corps Germanique usera de plus de promptitude & de diligence ? Mais je veux que cela arrive ; je veux même que parmi les Electeurs, Princes & Etats de l'Empire, il n'y en ait aucun qui refuse de fournir ce Contingent, que je suppose avoir été réglé par la Diette, ce Contingent sera-t'il fourni constamment ?

Supposons les Electorats de Tréves, de Mayence, de Hanovre, ou quelqu'autres Etats de l'Empire, inondés de Troupes ennemies, qui portent partout la défolation & le ravage : je vous le demande, Monfieur, vous imaginez-vous que ces Etats, ainfi expofés aux fureurs de la Guerre, vouluffent s'opiniâtrer à perfévérer dans le parti qu'ils auroient embraffé ? Si pour fe fauver d'une ruine entiére, ils jugeoient qu'ils n'euffent point d'autre parti à prendre, que celui de la Neutralité, penfez-vous qu'ils vouluffent pouffer la générofité, jufqu'à fe facrifier pour des intérêts qui leur font parfaitement étrangers ? Eh, qu'importe, en effet, à l'Empire, que ce foit la Maifon d'Autriche, ou celle de Saxe ou de

Baviere, qui soit placée sur le Trône Impérial? Je l'ai dit, & je le répéte: point d'ennemi qui soit plus à appréhender pour le Corps Germanique, qu'un Chef trop puissant.

Mais enfin, dans la supposition que le Corps Germanique, animé d'un même esprit, consentît à réunir toutes ses forces en faveur de la Maison d'Autriche, je demande si les efforts extraordinaires que feroit l'Empire, pourroient contre-balancer ceux que feroit la France? Cette Couronne en effet trouveroit-elle quelque obstacle à lever une nouvelle Armée, & à faire passer en Allemagne des forces bien supérieures à celle de l'Empire?

Si du moins la Cour de Vienne pouvoit se promettre l'assistance des Puissances du Nord; mais est-ce là une ressource sur laquelle la Maison d'Autriche puisse raisonnablement compter? Car, sans parler des Traités d'Alliance & de subsides qui subsistent entre la France & le Dannemarck, qui ne sçait que ce dernier Royaume se trouve dans des circonstances, qui ne lui permettent gueres de diviser ses forces?

La Suede, d'un autre côté, n'est-elle pas liée plus étroitement encore à la France que le Dannemarck?

Sera-ce la Cour de Petersbourg qui fera passer des Troupes en Allemagne? Qu'a répondu l'Impératrice de Russie aux Ministres de la Cour de Vienne, chargés d'informer cette Souveraine de l'Election du Grand Duc, en qualité de Chef de l'Empire? Qu'elle souhaitoit que cette Election pût contribuer au rétablissement du repos de l'Europe; mais que son intention étoit de ne point se départir de la neutralité qu'elle avoit gardée jusqu'alors.

La dernière conspiration tramée par un Ministre Autrichien, a fait naître des soupçons peu propres à intéresser la Cour de

Petersbourg en faveur de celle de Vienne.

C'est donc principalement sur les forces de notre République, que la Maison d'Autriche fonde ses espérances. Mais quel droit cette Maison auroit-elle de se promettre que nous voulussions préferer ses intérêts à ceux de l'Angleterre ? Qu'il s'en faut bien que les engagemens que nous avons contractés avec la Maison d'Autriche, soient de même nature que ceux qui nous lient à la Cour de Londres ! J'ai déja démontré que l'invalidité de la Pragmatique-Sanction rendoit les premiers absolument nuls ; & quelle raison peut nous dispenser

dispenser de remplir les seconds dans toute leur étendue ? La France elle-même n'auroit-elle pas été la premiere à louer notre fidélité à garder la foi des Traités, si à la place de ces mêmes Troupes que nous avons fait passer en Angleterre, nous y en eussions envoyé d'autres, à qui les loix de la guerre eussent permis d'agir offensivement ?

Revenons, & examinons quelle raison pourroit engager notre République à se déclarer en faveur du nouvel Empereur ? Seroit-ce l'espérance de quelque aggrandissement pour ses Etats, ou de quelque avantage considérable pour son Commerce ? Notre République ne souhaite & n'a jamais souhaité le premier ; & ce n'est pas de la Maison d'Autriche qu'elle peut se promettre le second.

A quel péril ne nous exposeroit pas l'assistance que nous prêterions au nouvel Empereur ? Ne nous verrions-nous pas dèslors comme forcés de suppléer au défaut de l'Angleterre, c'està-dire de fournir à tous les frais de la guerre ? & que n'aurionsnous pas encore à craindre pour l'intérieur de nos Provinces ? Et en effet seroit-il difficile à la France, maîtresse des Pays-Bas, de pénétrer dans le centre de la Hollande ? Ajoutons une entiere décadence de Commerce pour notre République, si elle entroit en guerre avec la France & l'Espagne ; ce qui arriveroit infailliblement, dans la supposition que la Hollande s'avisât d'unir ses forces à celles du nouvel Empereur.

Mais que ne doit pas faire notre République pour le recouvrement de ses Barrieres ? Rappellez-vous, Monsieur, ce que j'ai dit à ce sujet dans ma premiere Lettre. Outre que ces Barrieres ont toujours été plus à charge à la Hollande qu'elles ne lui ont été avantageuses, la Hollande est-elle bien assurée que quelques années de guerre suffiroient pour la remettre en possession de ces mêmes Barrieres ? Ne nous exposerions-nous pas au contraire à faire de nouvelles pertes, qu'il ne nous seroit pas facile de réparer ?

Il n'y a donc qu'une exacte neutralité qui puisse assurer la tranquillité de nos Provinces, & leur conserver les avantages d'un Commerce florissant. Mais pour que notre République démêle surement quels sont ses véritables intérêts, qu'elle examine si elle peut esperer de la Maison d'Autriche ce qu'elle peut obtenir de la France & de l'Espagne. De combien de façons ces deux Puissances ne peuvent-elles pas gêner notre Commerce, & de combien de façons aussi ne peuvent-elles pas contribuer à son accroissement ?

Quelle sera donc la ressource de la Maison d'Autriche? Compteroit-elle sur la continuation des mêmes secours que lui prêtoit l'Angleterre ; & ce Royaume épuisé par une guerre dont il a fait presque seul tous les frais, & qui a entiérement ruiné son Commerce, n'est plus en état de fournir aux dépenses immenses que lui a couté son alliance avec la Maison d'Autriche ; alliance qui a précipité la Grande Bretagne dans tous les malheurs qui l'accablent de toutes parts.

Qu'il me soit permis, Monsieur, d'ajouter une réflexion qui peut-être vous paroîtra bien aventurée, & que je crois néanmoins très-juste. Nous avons vû les Hongrois se signaler par un zéle extraordinaire, pour soutenir la gloire de leur Souveraine. Mais auront ils la même ardeur, lorsqu'il ne s'agira simplement que d'appuyer les intérêts du nouvel Empereur? Que n'auroient-ils pas à craindre, si ce Prince devenoit aussi puissant que l'étoient les derniers Empereurs de la Maison d'Autriche ? Pourroient-ils se promettre de conserver les droits, les privileges & cette espece de liberté que la Reine de Hongrie ne leur a accordés, que parce que les circonſtances critiques où elle ſe trouvoit, exigeoient qu'elle eût pour eux les plus grands ménagemens? Ainſi concluons, Monſieur, que les Hongrois, éclairés ſur leurs véritables intérêts, ne feront d'efforts qu'autant qu'il en faudra , pour qu'ils n'ayent pas ſujet d'appréhender de gémir ſous le même joug que l'Empereur Léopold leur avoit impoſé. Le Tribunal d'Eperies eſt pour eux une époque dont le ſouvenir ne s'effacera pas ſi-tôt de leur eſprit.

Je finis, Monſieur, par un problème qui ne me paroît pas

facile à résoudre : aussi me contentai-je de le proposer. Quel est le véritable intérêt de l'Empire? que doit-il désirer ? Est-ce l'aggrandissement ou l'abbaissement de la Maison d'Autriche? Si le sort des armes devient favorable à cette Maison, & si, contre toute apparence, elle est assez heureuse pour recouvrer ce que la guerre lui a enlevé ; fiere de sa puissance, que de nouvelles atteintes ne donnera-t'elle pas à la liberté du Corps Germanique ? Les Electeurs, Princes & Etats de l'Empire pourront-ils esperer d'être traités avec moins de hauteur qu'ils ne l'ont été sous les Régnes précedens? Que si au contraire la paix ne pouvoit se faire sans qu'il en coutât plusieurs riches Provinces à la Maison d'Autriche; dans ce cas, que ne feroit-elle pas pour réparer ses pertes ? & n'y auroit-il pas sujet de craindre qu'elle ne devînt une seconde fois la Corneille de la Fable ? Hésiteroit-elle même de s'aggrandir aux dépens de ceux-là même qui auroient été le plus livrés à ses intérêts ?

L'Empereur Rodolphe devoit son élevation aux Princes Louis & Henri de Baviere. Comment en usa-t-il à leur égard ? Il leur enleve la Suabe, & l'Archiduché d'Autriche. Ce fut par une si monstrueuse injustice, que le premier Empereur de la Maison d'Autriche commença son regne.

Adieu, Monsieur ; dans la premiere Lettre que j'aurai l'honneur de vous écrire, je me propose de démontrer clairement la légitimité des Droits de la Maison d'Espagne, sur les Etats destinés à former le nouveau Royaume de Lombardie. Je suis avec un sincére dévoûment,

MONSIEUR,
 Votre très-humble & très-obéissant serviteur ***.

À Paris ce 25 Avril 1746.

TABLE
DES LETTRES

Contenues dans ce premier Volume.

PRemiere Lettre, sur le nouveau secours prêté par la Hollande à la Reine de Hongrie. Page 3

Seconde Lettre, sur les droits de la Maison de Baviere à la Succession de la Maison d'Autriche ;

Avec des remarques, sur les dispositions présentes des principales Cours de l'Europe, au sujet des différends survenus entre la Cour de Munick & celle de Vienne, à l'occasion de la

TABLE

Pragmatique-Sanction. 41

Troisiéme Lettre, sur la légitimité des droits de la Maison de Baviere aux Royaumes de Hongrie & de Bohême, à l'Archiduché d'Autriche, à la Stirie, à la Moravie, à la Carinthie, à la Carniole, & aux autres Etats qui forment la succession Autrichienne;

Avec des Ecclaircissemens sur les dispositions & les intérêts des principales Cours de l'Europe, au sujet de la guerre présente. 66

Quatriéme Lettre, sur les dispositions & les intérêts opposés de la Cour de Londres, & de la plus grande partie de la Nation Britannique, au sujet de la Guerre présente;

Avec des remarques qui serviront

TABLE
à faire connoître si l'Angleterre est dans le pouvoir & dans la volonté de supporter encore long-tems le poids de cette même Guerre. 102

Cinquiéme Lettre, sur les différens intérêts des Princes & États d'Italie, au sujet de la Guerre présente. 129

Sixiéme Lettre ; où l'on examine laquelle des Cours de Vienne & de Londres est la plus intéressée à hâter la conclusion de la Paix; & tout ensemble laquelle de ces deux Cours s'opiniâtrera le plus à continuer la Guerre. 181

Septiéme Lettre. Sur les différens intérêts des Electeurs, Princes & Etats de l'Empire par rapport à la Guerre présente. 217

Fin de la Table du premier Volume.

www.ingramcontent.com/pod-product-compliance
Lightning Source LLC
Chambersburg PA
CBHW050328170426
43200CB00009BA/1504